William Somerset Maugham

BEZAUBERNDE SÜDSEE

Mit Bildern von Paul Gauguin

Herder
Freiburg · Basel · Wien

Band 26 der
Edition Herder
Erste Auflage 1999
© Verlag Herder Freiburg im Breisgau 1999

Gedruckt auf umweltfreundlichem,
chlorfrei gebleichtem Papier

Einbandgestaltung: Hermann Bausch
Reproduktionen: HWF Müller, Denzlingen
Herstellung: Freiburger Graphische Betriebe 1999
ISBN 3-451-27159-1

INHALT

৵

DER STILLE OZEAN

er Stille Ozean ist unbeständig und wandelbar wie die Seele des Menschen. Manchmal liegt er grau da mit mächtiger Dünung, manchmal ist er wild gebauscht und trägt weiße Wellenkämme. Nicht häufig zeigt er sich blau und glatt, dann aber ist er von anmaßendem Blau. Hemmungslos brennt die Sonne aus wolkenlosem Himmel hernieder. Der Passatwind geht einem ins Blut und erfüllt es mit der ungeduldigen Forderung nach dem Unbekannten. Die hochaufrollenden Wogen umgeben einen üppig von allen Seiten, und man vergißt die schwindende Jugend mit ihren grausamen und süßen Erinnerungen vor lauter Sehnsucht, dieser rastlosen, unaushaltbaren Sehnsucht nach Leben. Auf solch einem Meer segelte Odysseus, als er die Glücklichen Inseln suchte. Doch gibt es auch Tage, da der Stille Ozean sich hinbreitet wie ein See. Flach dehnt sich das Meer aus und glänzt. Die fliegenden Fische, ein Schattenhusch auf dem leuchtenden Spiegel, lassen eine kleine Fontäne funkelnder Tropfen aufperlen, wenn sie wieder ins Wasser tauchen. Flockige Wolken erscheinen am Horizont und nehmen bei Sonnenuntergang so seltsame Formen an, daß man glaubt, ein hoher Gebirgszug türme sich auf. Es sind Berge unseres Traumlandes. So

gleitet man wie auf einem Zaubermeer durch die unvorstellbare Stille. Hin und wieder lassen ein paar Möwen die Hoffnung aufkommen, daß Land in der Nähe ist, ein vergessenes Eiland, inmitten dieser Wasserwüste. Doch die Möwen, die melancholischen Möwen, sind das einzige, was man zu sehen bekommt. Niemals begegnet man einem Dampfer mit seinem freundlichen Rauch, niemals einem stattlichen Barkschiff oder einem schmucken Schoner, nicht einmal einem Fischerboot; man ist wirklich in der Wüste. Und da fängt es an, daß diese Leere einen erfüllt mit nebelhafter Ahnung.

EDWARD BARNARDS UNTERGANG

ateman Hunter schlief schlecht. Vierzehn Tage lang hatte er auf dem Schiffe, das ihn von Tahiti nach San Francisco brachte, ausschließlich an die Geschichte gedacht, die er erzählen mußte, und drei Tage lang hatte er sich im Zug die Worte vorgesagt, in denen er sie zu berichten gedachte. Jetzt sollte er in wenigen Stunden in Chicago sein, und Zweifel überfielen ihn. Sein von jeher sensibles Gewissen war nicht befriedigt. Er fragte sich, ob er auch sein möglichstes getan habe, ja, es war für ihn Ehrensache, mehr als das mögliche zu tun, und der Gedanke beunruhigte ihn, er habe vielleicht in einer Sache, die sein eigenes Interesse berührte, eben dieses eigene Interesse über seine Donquichotterie den Sieg davontragen lassen. Selbstaufopferung spielte in seinen Gedanken eine so große Rolle, daß die Unfähigkeit, sie zu üben, ihm das Gefühl von Enttäuschung bereitete. Er kam sich vor wie der Philanthrop, der aus altruistischen Motiven vorbildlich Wohnungen für die Armen erbauen läßt und hinterher bemerkt, daß dies eine sehr einträgliche Geldanlage war. Er kann das Gefühl der Genugtuung über die zehn Prozent, die das auf das Wasser gestreute Brot abwirft, nicht zurückdrängen, aber er hat die peinliche Empfindung, dieser Lohn

schmälere die Lieblichkeit seiner Tugend. Bateman Hunter wußte, sein Herz war rein, aber er war nicht sicher, wie standhaft er beim Erzählen seiner Geschichte den forschenden Blick aus Isabel Longstaffes kühlen grauen Augen ertragen werde. Denn sie waren weitblickend und klug. Isabels Maßstab für den Wert anderer war ihre eigene peinlich unbestechliche Geradlinigkeit, und eine strengere Kritik ließ sich nicht denken als das kalte Schweigen, mit dem sie ihre Mißbilligung eines Verhaltens ausdrückte, das ihrem anspruchsvollen Kodex nicht entsprach. Gegen ihr Urteil gab es kein Appellieren, denn wenn sie einmal eine Meinung gefaßt hatte, änderte sie sie nicht mehr. Aber Bateman hätte sie nicht anders haben mögen. Er liebte nicht nur die Schönheit ihrer hohen, schlanken Gestalt mit der stolzen Kopfhaltung, sondern mehr noch die Schönheit ihrer Seele. Mit ihrer Aufrichtigkeit, ihrem scharf umrissenen Ehrbegriff, ihrem furchtlosen Blick vereinigte sie in sich alles, was er so sehr an seinen Landsmänninnen bewunderte. Aber er sah in ihr noch mehr als nur die vollkommene Vertreterin des amerikanischen Mädchens, denn er fühlte, daß ihre Vortrefflichkeit gewissermaßen in besonderem Zusammenhang mit ihrer Umgebung stand, und war überzeugt, keine Stadt der Welt könnte sie hervorgebracht haben außer Chicago. Er verspürte einen plötzlichen Stich, als er daran dachte, daß er ihrem Stolz einen so harten Schlag versetzen mußte, und beim Gedanken an Edward Barnard flammte Zorn auf in seinem Herzen. Aber schließlich fuhr der Zug in Chicago ein, und er frohlockte beim Anblick der langen grauen Sraßenzüge.

Als er an State und Wabash mit dem Menschengewimmel, dem drängenden Verkehr und dem Lärm dachte, konnte er seine Ungeduld kaum zügeln. Hier war er zu Hause. Und er war froh, in der bedeutendsten Stadt der Vereinigten Staaten geboren zu sein. San Francisco war Provinz, New York passé; die Zukunft Amerikas lag in der Entwicklung seiner ökonomischen Möglichkeiten, und Chicago mit seiner Lage und der Energie seiner Einwohner war dazu vorbestimmt, die wahre Hauptstadt des Landes zu werden.

„Ich glaube, ich werde es noch erleben, daß es die größte Stadt der Welt wird", sagte sich Bateman, als er den Bahnsteig betrat.

Sein Vater war an die Bahn gekommen, und nach einem herzlichen Händedruck verließen die beiden großen, schlanken, gut gewachsenen Männer mit den gleichen feinen, asketischen Zügen und den schmalen Lippen das Bahnhofsgebäude. Mr. Hunters Wagen wartete am Ausgang, und sie stiegen ein. Mr. Hunter erhaschte seines Sohnes stolzen, glücklichen, auf die Straße gerichteten Blick.

„Froh, wieder dazusein, Junge?" fragte er.

„Das will ich meinen", sagte Bateman.

Seine Augen verschlangen den Großstadtbetrieb.

„Ich nehme an, hier ist ein bißchen mehr Verkehr als

auf deinen Südseeinseln", bemerkte Mr. Hunter lachend. „Hat es dir dort gefallen?"

„Chicago ist mir lieber, Dad", antwortete Bateman.

„Edward Barnard hast du nicht mitgebracht?"

„Nein."

„Wie hast du ihn angetroffen?"

Bateman schwieg für einen Augenblick, und sein schönes, empfindsames Gesicht verdunkelte sich.

„Ich möchte lieber nicht über ihn sprechen, Dad", sagte er.

„Schon gut, mein Junge. Ich meine, deine Mutter wird heute eine glückliche Frau sein."

Sie ließen die belebten Straßen hinter sich und fuhren am See entlang, bis sie an ein imposantes Haus kamen, das getreue Abbild eines Schlosses an der Loire, das Mr. Hunter sich vor ein paar Jahren hatte bauen lassen. Kaum befand Bateman sich allein in seinem Zimmer, verlangte er auch schon eine Nummer am Telephon. Sein Herz hüpfte, als er die Stimme hörte, die antwortete.

„Guten Morgen, Isabel!" sagte er freudig.

„Guten Morgen, Bateman!"

„Wieso hast du meine Stimme erkannt?"

„Es ist nicht so lange her, seit ich sie das letzte Mal hörte. Abgesehen davon habe ich dich erwartet."

„Wann kann ich dich sehen?"

„Willst du vielleicht, wenn du nichts Besseres vorhast, heute bei uns zu Abend essen?"

„Du weißt sehr wohl, daß ich unmöglich etwas Besseres vorhaben könnte."

„Du hast, nehme ich an, viel Neues zu berichten."

Er glaubte, in ihrer Stimme einen Ton von Furcht zu entdecken.

„Ja", antwortete er.

„Nun, das mußt du mir heute abend erzählen. Auf Wiedersehen!"

Sie hängte an. Es war charakteristisch für sie, daß sie so viele unnötige Stunden lang auf das warten konnte, was sie so unmittelbar anging. Für Bateman war dies wieder ein bewundernswürdiger Beweis ihrer Selbstbeherrschung.

Während des Abendessens, bei dem außer ihm und Isabel nur noch ihre Eltern zugegen waren, beobachtete er sie, wie sie die Unterhaltung in die Kanäle höflicher Plauderei leitete, und ihm fiel ein, daß eine Marquise sich in ebendieser Weise unter dem Schatten der Guillotine mit dem Kleinkram eines Tages befaßt hätte, dessen Abend sie nicht erleben sollte. Ihre feinen Züge, die aristokratische Kürze ihrer Oberlippe und ihr Reichtum an blondem Haar unterstützten noch den Gedanken an die Marquise, und jedermann mußte erkennen, auch wenn er es nicht wußte, daß in ihren Adern bestes Chicagoer Blut floß. Das Speisezimmer war der passende Rahmen für ihre zartgliedrige Schönheit; denn Isabel hatte die Anregung gegeben, das Haus, die Kopie eines Palastes am Canale Grande zu Venedig, von einem englischen

Experten im Louis-XV.-Stil einzurichten, und die elegante Dekoration, verknüpft mit dem Namen des amourösen Monarchen, erhöhte ihre Lieblichkeit und erhielt gleichzeitig von ihr einen tieferen Sinn. Denn Isabels Geist war wohl gerüstet, und ihre Konversation zwar leicht, aber nie geschwätzig. Sie sprach jetzt von dem Privatkonzert, das sie und ihre Mutter am Nachmittag besucht hatten, von der Vorlesung eines englischen Dichters im großen Auditorium, von der politischen Lage und von dem alten Meister, den ihr Vater vor kurzem für fünfzigtausend Dollar in New York erworben hatte. Es ermutigte Bateman, ihr zuzuhören. Er fühlte sich wieder in der zivilisierten Welt, im Zentrum von Kultur und Vornehmheit; und gewisse Stimmen, die ihn beunruhigten und gegen seinen Willen sich weigerten zu schweigen, wurden schließlich still in seinem Herzen.

„Ach", sagte er, „es tut gut, wieder in Chicago zu sein!"

Endlich war das Abendessen vorüber, und als sie das Speisezimmer verließen, sagte Isabel zu ihrer Mutter:

„Ich gehe mit Bateman hinauf in mein Stübchen. Wir haben uns viel zu erzählen."

„Sehr gut, meine Liebe", erwiderte Mrs. Longstaffe. „Ihr werdet Vater und mich im Madame-Dubarry-Zimmer finden, wenn ihr fertig seid."

Isabel führte den jungen Mann hinauf und in das Zimmer, an das sich für ihn so viele bezaubernde Erin-

nerungen knüpften. Obgleich er es gut kannte, vermochte er doch nicht den Ausruf des Entzückens zu unterdrücken, den es ihm jedesmal wieder entlockte. Mit einem Lächeln blickte sie umher.

„Ja, ich glaube, es ist gelungen", sagte sie. „Die Hauptsache ist, daß nur echte Stücke darin sind. Du wirst keinen Aschenbecher finden, der nicht stilgerecht wäre."

„Das ist es wohl, was es so wundervoll macht. Wie alles, was du tust, ist es im höchsten Grade echt."

Sie setzten sich vor das Kaminfeuer, und Isabel schaute ihn mit ihren ruhigen, ernsten Augen an.

„Nun, was hast du mir zu sagen?" fragte sie.

„Ich weiß kaum, wie beginnen."

„Kommt Edward Barnard zurück?"

„Nein."

Ein langes Schweigen lag im Raum, ehe Bateman wieder sprach, und für beide war es angefüllt mit vielen Gedanken. Der Bericht der Geschichte, die er zu erzählen hatte, fiel ihm schwer, denn es gab darin Dinge, die für ihre empfindsamen Ohren so beleidigend waren, daß er es nicht über sich brachte, sie mitzuteilen; aber um ihr und auch sich selbst gerecht zu werden, mußte er ihr die volle Wahrheit sagen.

Das Ganze hatte vor langer Zeit begonnen, als er und Edward Barnard noch das College besuchten und Isabel Longstaffe bei einer Teegesellschaft begegneten, die gegeben wurde, um sie in die Gesellschaft einzuführen.

Sie hatten sie gekannt, als sie noch ein Kind und die beiden langbeinige Knaben gewesen waren; doch dann hatte sie Jahre in Europa verbracht, um ihre Ausbildung zu vollenden, und als sie wiederkam, erneuerten sie die Bekanntschaft mit dem lieblich erblühten Mädchen voller Überraschung und Entzücken. Beide verliebten sich Hals über Kopf in sie, doch bemerkte Bateman rasch, daß sie nur für Edward Augen hatte, und begnügte sich als ergebener Freund mit der Rolle des Vertrauten. Er machte schlimme Augenblicke durch, doch konnte er nicht leugnen, daß Edward seines Glückes würdig war, und besorgt, daß nichts die Freundschaft, die er so sehr schätzte, mindere, achtete er sorgfältig darauf, durch kein Anzeichen seine eigenen Gefühle zu verraten. Nach sechs Monaten war das schöne Paar verlobt. Da sie aber noch sehr jung waren, entschied Isabels Vater, daß sie erst nach Edwards Promotion heiraten sollten. Sie mußten also noch ein Jahr warten. Bateman dachte an den Winter, der der beschlossenen Heirat von Isabel und Edward vorausgegangen war, einen Winter der Bälle, Theaterbesuche und der Privateinladungen, bei denen er, der ständige Dritte, immer dabei war. Er liebte sie nicht weniger, weil sie bald seines Freundes Frau werden sollte; ihr Lächeln, ein fröhliches Wort, das sie ihm zuwarf, die vertrauten Gespräche über ihre Liebe hörten nicht auf, ihn zu entzücken. Und er beglückwünschte sich ein wenig selbstzufrieden, weil er sie um ihr Glück nicht beneidete. Dann ereignete sich ein Unglücksfall: eine große Bank ging fallit, auf der Börse entstand eine Panik, und Edward Barnards Vater mußte feststellen, daß er ruiniert war. Er kam eines Tages nach Hause, sagte seiner Frau, daß alles verloren sei, begab sich nach dem Abendessen in sein Studio und erschoß sich.

Eine Woche später erschien Edward Barnard mit müdem, bleichem Gesicht bei Isabel und bat sie, ihm sein Wort zurückzugeben. Ihre einzige Antwort bestand darin, ihn in die Arme zu schließen und in Tränen auszubrechen.

„Mach es mir nicht noch schwerer, Herz", sagte er.

„Meinst du, ich könnte dich einfach weggehen lassen? Ich liebe dich."

„Wie kann ich dich bitten, meine Frau zu werden? Die ganze Sache ist hoffnungslos. Dein Vater würde das niemals zulassen. Ich habe keinen Cent."

„Was kümmert mich das? Ich liebe dich."

Er besprach mit ihr seine Pläne. Er mußte sofort Geld verdienen, und George Braunschmidt, ein alter Freund der Familie, hatte ihm angeboten, ihn in sein eigenes Geschäft zu nehmen. Er war ein Südseekaufmann und hatte Niederlassungen auf den Inseln im Stillen Ozean. Deshalb schlug er Edward vor, auf ein oder zwei Jahre nach Tahiti zu gehen, wo er unter einem seiner besten Geschäftsführer die Einzelheiten des mannigfaltigen Betriebs erlernen sollte, und versprach dem jungen Mann nach Ablauf dieser Zeit eine Stellung in Chicago. Es war dies eine wundervolle Gelegenheit, und als er mit seinen Ausführungen zu Ende war, lächelte Isabel wieder wie die Sonne.

„Du böser Junge, warum hast du versucht, mich unglücklich zu machen?"

Sein Gesicht leuchtete auf, und seine Augen blitzten.

„Isabel, du willst doch nicht damit sagen, daß du auf mich warten wirst?"

„Glaubst du, du seist es nicht wert?" fragte sie lächelnd.

„Ach, mach dich nicht lustig über mich! Ich flehe dich an, sei ernst! Es kann sich um zwei Jahre handeln."

„Habe keine Angst, Edward. Ich liebe dich. Wenn du zurückkommst, werde ich dich heiraten."

Edwards Prinzipal war ein Mann, der keinen Aufschub liebte. Er teilte ihm mit, daß er, wollte er den angebotenen Posten übernehmen, sich in einer Woche in San Francisco einschiffen müsse. Edward verbrachte den letzten Abend bei Isabel. Nach dem Essen sagte Mr. Longstaffe, er wolle noch ein Wort mit Edward sprechen, und nahm ihn mit ins Rauchzimmer. Mr. Longstaffe hatte das Projekt, von dem er durch seine Tochter in Kenntnis gesetzt worden war, in seiner freundlichen Art gutgeheißen, und Edward konnte nicht ahnen, was für geheimnisvolle Mitteilungen er ihm jetzt zu machen hatte. Er war nicht wenig bestürzt, als er sah, daß sein Gastgeber verlegen wurde und sogar stotterte. Erst sprach er von belanglosen Dingen, aber schließlich fiel er mit der Tür ins Haus. „Ich nehme an, du hast von Arnold Jackson gehört", sagte er und schaute Edward stirnrunzelnd an.

Edward zögerte. Doch seine angeborene Ehrlichkeit zwang ihn, ein Wissen zuzugeben, das zu verneinen er gerne imstande gewesen wäre.

„Ja. Aber das war vor langer Zeit. Ich erinnere mich nicht mehr genau daran."

„Es gibt nicht viele Leute in Chicago, die nichts von Arnold Jackson gehört haben", sagte Mr. Longstaffe bitter, „und wenn, so werden sie ohne Schwierigkeiten jemanden finden, der ihnen gerne etwas von ihm erzählt. Weißt du eigentlich, daß er Mrs. Longstaffes Bruder ist?"

„Ja."

„Natürlich haben wir seit Jahren keine Verbindung mehr mit ihm. Er verließ das Land, sobald er dazu imstande war. Man hat uns gesagt, er lebe auf Tahiti. Ich möchte dir raten, ihm weit aus dem Weg zu gehen, doch solltest du etwas von ihm hören, so wären Mrs. Longstaffe und ich sehr froh, du würdest es uns wissen lassen."

„Gewiß."

„Das war es, was ich dir sagen wollte. Nun denke ich, du möchtest sicher gerne wieder mit den Damen beisammen sein."

Es gibt nur wenige Familien ohne ein Mitglied, das sie, wenn es der liebe Nachbar gestattete, gerne vergäßen, und sie können sich glücklich preisen, wenn im

Laufe von ein oder zwei Generationen seine Streiche einen gewissen romantischen Glanz annehmen. Ist jedoch dieses Mitglied ein Zeitgenosse und sind seine Eigentümlichkeiten nicht abgetan mit einer Phrase wie: „Er ist nur sein eigener Feind" – ein guter Satz, wenn der Schuldige sich nicht schlimmer vergangen hat als dem Alkoholismus oder der Abenteuerei zu frönen –, dann ist es besser zu schweigen. Und eben dies taten die Longstaffes in bezug auf Arnold Jackson. Nie sprachen sie von ihm. Sie gingen nicht einmal durch die Straße, in der er gewohnt hatte. In ihrer Güte ließen sie natürlich weder seine Frau noch die Kinder unter seinen Missetaten leiden, sie unterstützten sie jahrelang, allerdings unter der Bedingung, daß sie nach Europa zogen. So taten sie alles, die Erinnerung an Arnold Jackson auszulöschen, und waren sich doch der Tatsache bewußt, daß die Geschichte so frisch im Gedächtnis der Allgemeinheit lebte wie an dem Tag, da der Skandal vor der starr staunenden Welt offenbar geworden war. Arnold Jackson war ein so schwarzes Schaf, wie kaum eine Familie es ertragen konnte. Ein wohlhabender Bankier, ein vorbildliches Kirchenmitglied, Philanthrop, ein Mann, der von allen hochgeachtet wurde, nicht nur seiner Beziehungen (in seinen Adern rann Chicagos blauestes Blut), sondern auch seines aufrechten Charakters wegen, wurde eines Tages wegen Unterschlagung verhaftet; und der Verstoß gegen die Ehrlichkeit, den die Verhandlung ans Licht brachte, war nicht einer, der mit „plötz-

licher Versuchung" erklärt werden konnte. Arnold Jackson hatte die Tat vorsätzlich und systematisch begangen. Er war ein Verbrecher. Nach seiner Verurteilung zu sieben Jahren Zuchthaus gab es nur wenige, die nicht fanden, daß er glimpflich davongekommen sei.

Als sich die Liebenden am Ende dieses letzten Abends trennten, geschah dies unter vielen Beteuerungen ihrer Zuneigung. Isabel, in Tränen aufgelöst, tröstete sich an dem Gedanken, daß ihr Edwards leidenschaftliche Liebe sicher war. Ein seltsames Gefühl beschlich sie. Es machte sie elend, sich von ihm zu trennen, und doch war sie gleichzeitig glücklich, weil er sie anbetete. Dies alles war mehr als zwei Jahre her.

Er hatte ihr seitdem bei jeder Gelegenheit geschrieben, vierundzwanzig Briefe alles in allem, denn das Postschiff ging nur einmal im Monat, und seine Episteln waren genauso, wie Liebesbriefe zu sein hatten, intim und bezaubernd, manchmal humorvoll, besonders die späteren, und zärtlich. Zuerst ließen sie durchblicken, daß er Heimweh hatte, sie waren voller Verlangen, zurückzukommen nach Chicago und zu Isabel. Und etwas ängstlich schrieb sie ihm und bat ihn, durchzuhalten. Sie fürchtete, er könne seine schöne Gelegenheit einfach hinwerfen und zu ihr zurückeilen. Aber sie wollte nicht, daß ihr Erkorener der Ausdauer ermangle, und in einem Brief zitierte sie diese Zeilen:

„Ich könnt' dich lieben nicht so sehr,
Liebt' ich die Ehr' nicht mehr."

Doch allmählich schien er sich einzugewöhnen, und es machte Isabel sehr glücklich, zu beobachten, wie er sich immer mehr daran begeisterte, in diesem verlassenen Erdenwinkel amerikanische Methoden einzuführen. Aber sie kannte ihn, und nach einem Jahr, der kürzesten Lehrzeit in Tahiti, erwartete sie, ihren gesamten Einfluß aufbieten zu müssen, um ihn vom Heimkommen abzuhalten. Es war viel besser für ihn, das Geschäft gründlich zu erlernen, und da sie imstande gewesen waren, ein Jahr lang zu warten, gab es keinen Grund, warum sie das nicht auch noch ein zweites Mal aushalten sollten. Sie besprach sich darüber mit Bateman Hunter, dem stets großmütigsten aller Freunde (in den ersten Tagen nach Edwards Abreise hätte sie ohne ihn nicht gewußt, was tun), und sie kamen zu dem Resultat, daß Edwards Zukunft allem anderen vorgehe. Und als er auch in seinen nächsten Briefen keinen Vorschlag zum Heimkommen machte, atmeten sie erleichtert auf.

„Es ist herrlich, findest du nicht?" fragte sie Bateman begeistert.

„Makellos, durch und durch."

„Wenn ich zwischen den Zeilen lese, weiß ich, daß er ungern drüben ist, aber er hält durch, weil ..."

Sie errötete ein wenig, und Bateman mit jenem ernsten Lächeln, das ihn so anziehend machte, beendete den Satz für sie:

„Weil er dich liebt."

„Ich fühle mich so gering neben ihm", sagte sie.

„Du bist wunderbar, Isabel, einfach wunderbar."

Aber das zweite Jahr verging, allmonatlich erhielt Isabel ihren Brief von Edward, und langsam wirkte es ein wenig seltsam, daß er nie von seiner Heimkunft sprach. Er schrieb so, als habe er sich für ständig in Tahiti niedergelassen, und was schlimmer war, anscheinend sehr zu seinem Behagen. Sie war überrascht. Dann las sie seine Briefe durch, und zwar alle, und als sie nun wirklich zwischen den Zeilen las, war sie verblüfft, eine Wandlung zu bemerken, die ihr bisher entgangen war. Die letzten Briefe waren so zärtlich und reizend wie die ersten, aber der Ton war ein anderer. Der Humor darin kam ihr leicht verdächtig vor, sie beargwöhnte ihn mit dem instinktiven Mißtrauen ihres Geschlechts und gewahrte in ihm eine Geschwätzigkeit, die sie bestürzte. Sie war nun nicht ganz sicher, ob dieser Edward, der ihr schrieb, der gleiche war, den sie gekannt hatte. Eines Nachmittags, am Tage nach der Ankunft der Post aus Tahiti, als sie mit Bateman ausfuhr, fragte er sie:

„Hat Edward dir schon mitgeteilt, wann er sich einschifft?"

„Nein, er hat nichts davon erwähnt. Ich dachte, er habe vielleicht in seinem Brief an dich etwas darüber geäußert."

„Nicht ein Wort."

„Du weißt, wie Edward ist", sagte sie lachend. „Er hat überhaupt keinen Zeitbegriff. Wenn du ihm wieder schreibst und daran denken solltest, dann frage ihn doch, wann er heimzukommen gedenkt."

Sie sprach so unbekümmert, daß nur Batemans wache Empfindsamkeit aus ihrer Bitte einen drängenden Wunsch vernehmen konnte. Er lachte leichthin.

„Ja, ich werde ihn fragen. Ich kann mir nicht vorstellen, wie er darüber denkt."

Als sie ihn ein paar Tage später wieder traf, bemerkte sie, daß ihn etwas beunruhigte. Sie waren sehr häufig beisammen gewesen, seit Edward Chicago verlassen hatte; sie liebten ihn beide, und jeder fand in seinem Wunsch, von dem Abwesenden zu sprechen, im andern einen willigen Zuhörer. Die Folge war, daß Isabel jeden Ausdruck in Batemans Gesicht kannte und daß sein Leugnen vor ihrem sicheren Instinkt nicht standhielt. Sie ruhte erst, als er ihr alles gebeichtet hatte.

„Nun, es ist so", sagte er endlich, „ich habe durch Hinundherfragen erfahren, daß Edward nicht mehr bei Braunschmidt & Co. arbeitet, und gestern habe ich die Gelegenheit ergriffen und Mr. Braunschmidt selbst gefragt."

„Und?"

„Edward hat seine Stellung schon vor fast einem Jahr aufgegeben."

„Wie seltsam, daß er nie etwas davon gesagt hat!"

Bateman zögerte, aber da er nun schon so weit gegangen war, fühlte er sich verpflichtet, auch noch das übrige zu berichten.

„Er wurde entlassen."

„Aber um Himmels willen, weshalb denn?"

„Es stellte sich heraus, daß man ihn ein- oder zweimal gewarnt hatte und schließlich gezwungen war, ihm den Laufpaß zu geben, wegen Faulheit und Unfähigkeit."

„Edward?"

Sie schwiegen eine Zeitlang, dann sah er, daß Isabel weinte. Instinktiv ergriff er ihre Hand.

„Oh, meine Liebe, nicht, nicht! Ich kann dich nicht weinen sehen."

Sie war so niedergeschlagen, daß sie ihre Hand in der seinen ließ.

Er versuchte sie zu trösten.

„Es ist unbegreiflich, nicht wahr? Es klingt so gar nicht nach Edward. Ich kann mir nicht helfen, ich habe das Gefühl, daß da ein Irrtum vorliegen muß."

„Ist dir irgend etwas Merkwürdiges in seinen letzten Briefen aufgefallen?" fragte sie und schaute, die Augen voller Tränen, abseits.

Er wußte nicht so recht, was er antworten sollte.

„Ich habe wohl eine Veränderung bemerkt", gestand er schließlich. „Mir scheint, er hat etwas von dem hohen Ernst verloren, den ich immer so sehr an ihm bewundert habe. Man hat fast den Eindruck, daß die wesentlichen Dinge ihm – nun, ihm nicht mehr wesentlich sind."

Isabel sagte nichts darauf. Sie fühlte sich ein wenig unsicher.

„Vielleicht wird er in seiner Antwort auf deinen Brief
sagen, wann er zurückkommt. Wir können nichts anderes tun, als darauf warten."

Ein weiterer Brief von Edward für jeden von ihnen
kam, und wieder sprach er kein Wort von seiner Rückkehr; doch als er ihn geschrieben hatte, konnte er Batemans Anfrage noch nicht erhalten haben. Sicher sollte
die nächste Post Aufklärung bringen.

Die nächste Post kam, und Bateman brachte Isabel
den Brief, den er erhalten hatte, doch ein einziger Blick
in sein Gesicht sagte ihr, daß er völlig außer Fassung
war. Sie las das Schreiben sorgfältig einmal durch und
dann mit leicht zusammengezogenen Lippen ein zweites Mal.

„Das ist ein höchst seltsamer Brief", sagte sie. „Ich
verstehe ihn nicht ganz."

„Man könnte fast denken, er will mich zum besten
halten", entgegnete Bateman errötend.

„Es hört sich so an, aber das war sicher nicht seine
Absicht. Es sieht Edward so gar nicht ähnlich."

„Er sagt nichts vom Zurückkommen."

„Wenn ich nicht seiner Liebe so voll vertraute,
könnte ich denken … Ich weiß wirklich nicht, was ich
denken könnte."

Jetzt war der Augenblick, da Bateman offen von dem
Plan sprach, der sich in seinem Kopf geformt hatte. Die
Firma, die sein Vater gegründet hatte und in der er jetzt
Teilhaber war, trug sich mit dem Gedanken, Filialen in

Honolulu, Sydney und Wellington aufzumachen, und Bateman schlug vor, an Stelle des vorgesehenen Geschäftsführers hinzufahren. Er konnte über Tahiti zurückkommen, es war sogar, wenn er von Wellington abfuhr, unvermeidlich, und so sah er die Möglichkeit, Edward aufzusuchen.

„Es gibt da irgendein Geheimnis, und ich will das unbedingt lüften. Und dies ist die einzige Möglichkeit dazu."

„Oh, Bateman, das wäre außerordentlich lieb und gut von dir!" rief Isabel aus.

„Du weißt, daß ich nichts auf der Welt dringender wünsche als dein Glück, Isabel."

Sie schaute ihn an und reichte ihm beide Hände.

„Du bist ein herrlicher Freund, Bateman. Ich wußte nicht, daß es so etwas auf der Welt gibt. Wie kann ich dir dies jemals danken?"

„Ich will keinen Dank von dir, nur die Erlaubnis, dir helfen zu dürfen."

Sie senkte die Augen und errötete ein wenig. Sie war so an ihn gewöhnt, daß sie ganz vergessen hatte, wie stattlich er war. Ebenso groß wie Edward und ebenso gut gewachsen, war er dunkelhaarig und hatte ein blasses Gesicht, während das von Edward rotwangig war. Natürlich wußte sie, daß er sie liebte. Das rührte sie, und sie empfand eine große Zärtlichkeit für ihn.

Und von dieser Reise war Bateman Hunter soeben zurückgekehrt.

Der geschäftliche Teil derselben hielt ihn länger auf, als er erwartet hatte, und er hatte viel Zeit, an seine beiden Freunde zu denken. Er war mit sich übereingekommen, daß es nichts Ernstliches sein konnte, das Edward vom Heimkommen abhielt, eine Art Stolz vielleicht, die ihn veranlaßte, etwas Besonderes zu leisten, ehe er sich würdig fühlte, die Braut seiner Wahl heimzuführen, aber dies war ein Stolz, den man ihm ausreden mußte, denn Isabel war unglücklich. Edward hatte sofort mit ihm nach Chicago zurückzukommen und Isabel möglichst bald zu heiraten. Eine Stellung konnte leicht für ihn in der Hunterschen Motoren- und Automobilgesellschaft gefunden werden. Bateman frohlockte mit blutendem Herzen über die Aussicht, den beiden Menschen, die er auf der Welt am meisten liebte, auf Kosten des eigenen Glückes zu dem ihren zu verhelfen. Er selbst wollte nicht heiraten, sondern Pate stehen bei den Kindern von Edward und Isabel und viele Jahre später nach dem Tod der beiden der Tochter Isabels erzählen, daß er vor langer, langer Zeit ihre Mutter geliebt habe. Batemans Augen verschleierten sich, als er sich diese Szene ausmalte. Da er Edward überraschen wollte, teilte er ihm seine Ankunft nicht telegraphisch mit, und als er auf Tahiti landete, gestattete er einem Jüngling, der sagte, er sei der Sohn des Hauses, ihn ins Hotel de la Fleur zu führen. Er lachte heimlich beim Gedanken an das Staunen seines Freundes, wenn er, der unerwartetste aller Besucher, plötzlich zur Tür hereinkäme.

„Übrigens“, fragte er, als sie zum Hotel gingen, „können Sie mir sagen, wo ich Mr. Edward Barnard finden werde?“

„Barnard?“ überlegte der Jüngling. „Der Name kommt mir bekannt vor.“

„Er ist Amerikaner, ein großer Mensch mit hellbraunem Haar und blauen Augen. Er ist schon über zwei Jahre lang hier.“

„Ach, natürlich, jetzt weiß ich, wen Sie meinen, Mr. Jacksons Neffen.“

„Der Neffe von wem?“

„Von Mr. Arnold Jackson."

„Ich glaube nicht, daß wir von dem gleichen Herrn sprechen", sagte Bateman kühl.

Er war bestürzt. Es kam ihm seltsam vor, daß Arnold Jackson, der allen und jedem bekannt war, hier unter diesem unseligen, an sein Vergehen gebundenen Namen lebte. Wer aber das sein konnte, den er für seinen Neffen ausgab, war Bateman ein vollkommenes Rätsel. Mrs. Longstaffe war Arnold Jacksons einzige Schwester, und einen Bruder hatte er nie gehabt. Der junge Mann neben ihm sprach ein geläufiges Englisch, dem aber doch ein fremder Tonfall eigen war, und Bateman erspähte mit einem Seitenblick, was er vorher gar nicht bemerkt hatte, daß er einen guten Schuß Eingeborenenblut haben mußte. Unwillkürlich bekam Batemans Verhalten einen Anflug von Hochmut. Sie erreichten das Hotel. Als Bateman ein Zimmer genommen hatte, bat er um Angabe, wo das Haus von Braunschmidt & Co. zu finden sei. Es lag an der Meereszunge, wie er erfuhr, und froh, nach achttägiger Seefahrt wieder festen Boden unter den Füßen zu spüren, schlenderte er den sonnigen Weg am Rande des Wassers entlang. Als er das gesuchte Haus gefunden hatte, ließ er dem Geschäftsführer seine Karte übergeben und wurde durch einen luftigen, scheunengleichen Raum, halb Laden, halb Lager, zu einem Büro geführt, in dem ein untersetzter, bebrillter, kahlköpfiger Mann saß.

„Können Sie mir sagen, wo ich Mr. Edward Barnard

finden kann? Ich hörte, er habe einige Zeit in Ihrem Hause gearbeitet."

„Das stimmt. Aber ich weiß nicht, wo er jetzt ist."

„Ich dachte, er kam mit einer besonderen Empfehlung von Mr. Braunschmidt hierher. Ich kenne Mr. Braunschmidt sehr gut."

Der feiste Mann schaute Bateman mit schlauen, mißtrauischen Augen an. Dann rief er einem Lehrjungen im Lager zu:

„Sag, Henry, weißt du, wo Barnard jetzt ist?"

„Er arbeitet bei Cameron, glaube ich", kam von irgend jemandem die Antwort, der sich nicht einmal die Mühe machte, näher zu kommen.

Der Dicke nickte.

„Wenn Sie von hier aus nach links umbiegen, stoßen Sie nach drei Minuten auf Cameron."

Bateman zögerte.

„Ich glaube, ich muß Ihnen sagen, daß Edward Barnard mein bester Freund ist. Ich war aufs höchste erstaunt, als ich hörte, daß er Braunschmidt & Co. verlassen hat."

Die Augen des Dicken zogen sich zusammen, bis sie wie Stecknadelköpfe aussahen, und ihr forschender Blick machte Bateman so unsicher, daß er errötete.

„Ich glaube, Braunschmidt & Co. und Edward Barnard schauten verschiedene Dinge nicht mit gleichen Augen an", entgegnete er.

Bateman gefielen die Manieren dieses Mannes gar

nicht, deshalb stand er nicht ohne Würde auf und verabschiedete sich mit der Bitte, die Störung zu verzeihen, höflich von ihm. Er verließ das Haus mit dem seltsamen Gefühl, der Mann, den er soeben gefragt hatte, könne ihm viel erzählen, habe aber sichtlich nicht die Absicht, es zu tun. Er ging in die angegebene Richtung und befand sich bald vor Camerons Haus. Es war einer der Kaufläden, wie man sie hier zu Dutzenden antraf, und der erste Mensch, den er sah, wie er hemdsärmelig dabei war, ein Stück groben Baumwollstoffs abzumessen, war Edward. Es gab ihm einen Stich, ihn mit so einer minderen Arbeit beschäftigt zu sehen. Aber er war kaum eingetreten, als Edward aufschaute, ihn erblickte und einen überraschten Freudenausruf von sich gab.

„Bateman! Wer hätte je gedacht, dich hier zu sehen!"

Er streckte ihm den Arm über den Ladentisch hinweg entgegen und drückte seine Hand. Keinerlei Gehemmtheit lag in seinem Betragen, und die Verlegenheit war ganz und gar auf Batemans Seite.

„Warte nur einen Augenblick, bis ich dieses Paket gemacht habe."

Mit völliger Sicherheit ließ er die Schere durch den Stoff laufen, den er dann faltete, einpackte und ihn dem dunkelhäutigen Kunden reichte.

„An der Kasse zu zahlen, bitte!"

Dann wandte er sich lächelnd und mit strahlenden Augen Bateman zu.

„Wie bist du denn hierhergekommen? Mein Gott, wie

ich mich freue, dich zu sehen! Setze dich, mein Alter, mach es dir bequem."

„Hier können wir nicht sprechen. Komm mit mir in mein Hotel. Kannst du so einfach von hier weggehen?" fügte er etwas ängstlich hinzu.

„Natürlich kann ich weggehen. So sehr geschäftsmäßig geht es hier in Tahiti nicht zu." Er rief dem Chinesen, der hinter dem gegenüberliegenden Ladentisch stand, zu: „Ah-Ling, wenn der Chef kommt, sage ihm, ein Freund von mir sei soeben von Amerika hier angelangt, und ich sei mit ihm auf einen Schluck fortgegangen."

„Ganz recht", erwiderte der Chinese mit einem Grinsen.

Edward schlüpfte in eine Jacke und ging, indem er den Hut aufsetzte, mit Bateman zusammen aus dem Laden. Bateman versuchte, die Sache von der scherzhaften Seite her anzupacken. „Ich habe nicht erwartet, dich dabei anzutreffen, wie du einem schmutzigen Nigger dreieinhalb Meter Baumwolle verkaufst", sagte er lachend.

„Braunschmidt hat mich hinausgeworfen, weißt du, und ich dachte, dies ist so gut wie irgend etwas anderes."

Edwards Aufrichtigkeit machte auf Bateman einen seltsamen Eindruck, doch fand er es indiskret, weiter auf dieses Thema einzugehen. „Ich nehme an, daß du es dort, wo du jetzt bist, nicht zum Millionär bringen wirst", sagte er ein wenig trocken.

„Ich glaube nicht. Aber ich verdiene genug, um Seele und Leib zusammenzuhalten, und damit bin ich vollauf zufrieden."

„Vor zwei Jahren wärest du es nicht gewesen."

„Wir werden weiser, wenn wir älter werden", erwiderte Edward vergnügt.

Bateman streifte ihn mit einem Blick. Edward trug einen schäbigen weißen, nicht allzu sauberen Leinenanzug und den breiten Strohhut wie die Einheimischen. Er war magerer als früher, tiefbraun gebrannt von der Sonne und sah bestimmt besser aus denn je. Aber es war etwas in seiner Erscheinung, das Bateman verwirrte. Wie er so dahinging, zeigte er eine neue Munterkeit, eine Sorglosigkeit war in seiner Haltung, eine Fröhlichkeit über nichts im besonderen, die Bateman nicht eigentlich tadeln konnte, die ihn aber aufs äußerste befremdete.

„Der Teufel soll mich holen, wenn ich weiß, warum er so unheimlich vergnügt ist!" dachte Bateman für sich.

Sie kamen zum Hotel und setzten sich auf die Terrasse. Ein Chinese brachte ihnen Cocktails. Edward war höchst begierig, alles Neue aus Chicago zu erfahren, und bombardierte seinen Freund mit lebhaften Fragen. Sein Interesse war natürlich und aufrichtig. Doch das Seltsame war, daß es über eine Unzahl von Menschen und Dingen gleich verteilt zu sein schien. Er war ebenso begierig, zu erfahren, wie es Batemans Vater ginge, wie zu hören, was Isabel mache. Er sprach von ihr ohne die

geringste Spur von Verlegenheit, aber sie hätte ebensogut seine Schwester und nicht seine Braut sein können.
Und noch ehe Bateman den genauen Sinn von Edwards
Bemerkungen hatte analysieren können, war das Ge-
spräch bereits auf seine eigene Arbeit und die Baulich-
keiten, die Mr. Hunter inzwischen hatte errichten lassen, übergesprungen. Er war entschlossen, die Unterhaltung wieder auf Isabel zurückzuführen, und suchte
soeben nach einer Gelegenheit dazu, als er sah, daß Edward jemandem freundschaftlich zuwinkte. Ein Mann
kam zu ihnen auf die Terrasse, aber Bateman hatte ihm
den Rücken zugewandt und konnte ihn nicht sehen.

„Komm her und setze dich zu uns!" rief Edward ihm
heiter entgegen.

Der Ankömmling trat näher. Er war ein großer,
schlanker Mensch in weißem Leinen mit gut geschnitte-
nem Gesicht und lockigem weißem Haar. Sein Gesicht
mit der großen, gebogenen Nase und dem schönen, aus-
drucksvollen Mund war ebenfalls lang und schmal.

„Das ist mein alter Freund Bateman Hunter. Ich habe
dir von ihm erzählt", sagte Edward, ein ständiges
Lächeln auf den Lippen.

„Ich freue mich, Sie zu sehen, Mr. Hunter. Ich habe
Ihren Vater gut gekannt."

Der Fremde reichte ihm die Hand hin und nahm die
des jungen Mannes mit festem, freundlichem Griff. Erst
dann erwähnte Edward den Namen des anderen.

„Mr. Arnold Jackson."

Bateman erbleichte und fühlte, wie seine Hände kalt wurden. Dies also war der Betrüger, der Zuchthäusler, dies war Isabels Onkel. Er wußte nicht, was er sagen sollte, und versuchte, seine Unsicherheit zu verbergen.

Arnold Jackson schaute ihn mit blinkenden Augen an. „Ich nehme an, mein Name ist Ihnen nicht unbekannt."

Wieder wußte Bateman nicht, was er tun, was er antworten sollte, und was ihn noch unsicherer machte, war die Tatsache, daß die beiden, Jackson und Edward, sich darüber zu belustigen schienen. Es war schon schlimm genug, ihm die Bekanntschaft mit einem Manne aufzuzwingen, die er lieber auf dieser Insel vermieden hätte, aber schlimmer war die Entdeckung, daß man sich über ihn lustig machte. Doch war dies vielleicht ein voreiliger Schluß, denn Jackson fügte ohne Pause hinzu:

„Wie ich hörte, sind Sie sehr befreundet mit den Longstaffes. Mrs. Longstaffe ist meine Schwester."

Nun fragte sich Bateman, ob Jackson vielleicht glaube, er wisse nichts von dem scheußlichsten Skandal, den Chicago je gekannt hatte. Jackson legte jetzt die Hand auf Edwards Schulter.

„Ich kann mich nicht zu euch setzen, Teddy", sagte er. „Ich habe zu tun. Aber kommt doch beide heute abend zu mir, wir essen zusammen."

„Großartige Idee", sagte Edward.

„Das ist sehr freundlich von Ihnen, Mr. Jackson", erwiderte Bateman eisig, „aber ich bin nur sehr kurz hier.

Mein Schiff geht morgen ab, Sie verstehen. Ich glaube, Sie werden mir verzeihen, wenn ich nicht komme."

„Ach, Unsinn! Ich gebe euch ein Original-Tahiti-Essen. Meine Frau ist eine wunderbare Köchin. Teddy wird Ihnen den Weg zeigen. Kommt so, daß ihr den Sonnenuntergang seht. Ihr könnt auch bei mir übernachten, wenn ihr wollt."

„Natürlich kommen wir", antwortete Edward. „An Abenden, wenn ein Schiff anlangt, ist immer ein Höllenlärm im Hotel, und in seinem Bungalow können wir uns richtig aussprechen."

„Ich kann Sie nicht entlassen, Mr. Hunter", fuhr Jackson mit der größten Herzlichkeit fort. „Ich will alles über Chicago und Mary hören."

Er nickte ihnen zu und ging weg, noch ehe Bateman ein Wort erwidern konnte.

„Wir in Tahiti nehmen keine Absage an", sagte Edward. „Übrigens wirst du das beste Essen kennenlernen, das man auf dieser Insel bekommen kann."

„Was meinte er damit, als er sagte, seine Frau sei eine gute Köchin? Ich weiß zufällig, daß seine Frau in Genf ist."

„Das ist ziemlich weit weg für eine Frau, oder?" entgegnete Edward. „Und es ist auch schon lange her, seit er sie zuletzt gesehen hat. Es ist eben eine andere Frau, von der er gesprochen hat."

Bateman schwieg eine Zeitlang. Sein Gesicht lag in ernsten Falten.

Doch als er aufschaute, erhaschte er Edwards belustigten Blick und errötete tief.

„Arnold Jackson ist ein übler Betrüger", sagte er.

„Ich fürchte, das stimmt", antwortete Edward lächelnd.

„Ich verstehe nicht, wie ein anständiger Mensch etwas mit ihm zu tun haben kann."

„Vielleicht bin ich kein anständiger Mensch."

„Bist du häufig mit ihm zusammen, Edward?"

„Oh, ja, sehr oft. Er hat mich als Neffen adoptiert."

Bateman beugte sich vor und schaute Edward mit forschenden Augen an.

„Gefällt es dir?"

„Sehr sogar."

„Aber weißt du denn nicht, weiß denn nicht jedermann, daß er ein Betrüger ist und im Zuchthaus war? Er sollte aus jeder zivilisierten Gesellschaft verjagt werden."

Edward schaute einem Rauchring nach, der von seiner Zigarette in die stille, duftende Luft entschwebte.

„Ich nehme an, er ist ein recht unentschuldbarer Gauner", sagte er schließlich, „und ich kann mir nicht einmal schmeicheln, daß irgendwelche Reue über seine Missetaten einen veranlassen könnte, ihm zu verzeihen. Er war ein Schwindler und ein Heuchler. Das ist nicht zu leugnen. Aber ich habe niemals einen sympathischeren Menschen kennengelernt. Er hat mich alles gelehrt, was ich weiß."

„Was hat er dich gelehrt?" rief Bateman voller Staunen.

„Zu leben."

Bateman brach in ironisches Gelächter aus.

„Ein feiner Meister! Hat man es seinem Unterricht zu verdanken, daß du dir die Chance, ein Vermögen zu erwerben, verscherzt hast und durch Bedienen hinter dem Ladentisch in einem Zehncentgeschäft deinen Lebensunterhalt verdienst?"

„Er ist eine große Persönlichkeit", sagte Edward mit einem guten Lächeln. „Vielleicht kannst du heute abend einsehen, was ich meine."

„Ich werde nicht bei ihm zu Abend essen, wenn du davon sprechen solltest. Nichts kann mich veranlassen, meinen Fuß über die Schwelle seines Hauses zu setzen."

„Tu mir den Gefallen und komme mit, Bateman. Wir sind seit so vielen Jahren befreundet, und du wirst mir doch nicht eine Bitte abschlagen, die ich an dich richte."

In Edwards Stimme lag etwas, das Bateman neu war. Ihre Sanftheit war von unwiderstehlicher Überzeugungskraft.

„Wenn du es so sagst, Edward, bin ich ja gezwungen zu kommen", sagte er lächelnd.

Außerdem überlegte Bateman, daß es natürlich sehr gut sei, soviel wie möglich über Arnold Jackson zu erfahren. Es war klar, daß er großen Einfluß auf Edward hatte, und wenn dieser Einfluß bekämpft werden sollte, mußte man herausfinden, worin er bestand. Je mehr er mit Edward sprach, desto deutlicher wurde ihm die Wandlung, die in seinem Freund stattgefunden hatte. Sein Instinkt sagte ihm, daß er vorsichtig zu Werke gehen müsse, und er faßte den Entschluß, den eigentlichen Anlaß seines Besuches erst nach deutlicherer Fühlungnahme wieder zu berühren. Deshalb fing er an, von tausenderlei Dingen zu sprechen, von seiner Reise und was er durch sie erreicht hatte, von der Politik in Chicago, von diesem und jenem gemeinsamen Freund und von den einstigen Tagen auf dem College.

Schließlich sagte Edward, er müsse wieder an seine Arbeit gehen, und schlug vor, Bateman um fünf Uhr abzuholen, um mit ihm hinauszufahren zu Arnold Jacksons Haus.

„Übrigens dachte ich, du würdest vielleicht in diesem Hotel wohnen", sagte Bateman, als er mit Edward die Terrasse verließ und durch den Garten schlenderte. „Ich hörte, es sei das einzig anständige hier."

„Ich?" lachte Edward. „Das ist viel zu großartig für mich. Ich habe ein Zimmer außerhalb des Ortes gemietet, es ist sauber und billig."

„Wenn ich mich recht entsinne, waren dies nicht die Punkte, die dir am wichtigsten erschienen, als du noch in Chicago lebtest."

„Chicago!"

„Ich weiß nicht, was du damit sagen willst, Edward. Es ist die großartigste Stadt der Welt."

„Ich weiß", erwiderte Edward.

Bateman schaute ihn rasch an, aber sein Gesicht war unergründlich.

„Wann kommst du wieder dorthin zurück?"

„Das frage ich mich oft", sagte Edward lächelnd.

Diese Antwort und die Art, wie sie gegeben wurde, machten Bateman stutzig, aber ehe er um eine Erklärung bitten konnte, hatte Edward bereits einem Mischling gewinkt, der ein Taxi lenkte.

„Nimm mich ein Stück weit mit, Charlie", sagte er. Er nickte Bateman zu und rannte dem Wagen nach, der ein paar Meter weiter angehalten hatte. Bateman blieb zurück und hatte eine Menge von einander widersprechenden Eindrücken zusammenzufassen.

In einem klapprigen Vehikel, das von einer alten Stute gezogen wurde, holte Edward seinen Freund ab und fuhr ihn über eine Straße, die am Meer entlangführte. Zu beiden Seiten lagen Plantagen, Kokosnüsse und Vanille, und hier und da sahen sie einen großen Mangobaum, dessen Früchte gelb, rot und violett aus dem massigen Grün der Blätter lugten. Ab und zu konnten sie einen Blick auf die Lagune werfen, die mit ihren palmenbewachsenen graziösen Inselchen glatt und blau dalag. Arnold Jacksons Haus stand auf einem Hügel, und da nur ein schmaler Pfad dort hinführte, schirrten sie die Stute aus, machten sie an einem Baum fest und ließen den Wagen am Rande der Straße stehen. Für Bateman war das eine recht unbekümmerte Art, mit Dingen umzugehen. Als sie zum Haus hinaufkamen,

wurden sie von einer großen, stattlichen, nicht mehr jungen Eingeborenen empfangen, der Edward herzlich die Hand drückte. Dann stellte er ihr Bateman vor.

„Dies ist mein Freund, Mr. Hunter. Wir sollen bei euch zu Abend essen, Lavinia."

„Sehr gut", sagte sie mit einem raschen Lächeln. „Arnold ist noch nicht zurück."

„Wir gehen hinunter und baden. Gib uns zwei *Pareos.*"

Die Frau nickte und verschwand im Haus.

„Wer ist das?" fragte Bateman.

„Oh, das ist Lavinia, Arnolds Frau."

Bateman preßte die Lippen zusammen und schwieg. Einen Augenblick später kehrte die Frau mit einem Bündel zurück, das sie Edward reichte. Die beiden Männer kletterten einen steilen Pfad hinunter zu einem Kokospalmenhain am Strand. Sie zogen sich aus, und Edward zeigte seinem Freund, wie man einen Streifen roten Baumwollstoffes, *Pareo* genannt, zu einem hübschen Badekostüm verknoten konnte. Bald planschten sie in dem warmen, seichten Wasser. Edward war in bester Laune. Er lachte und schrie und sang, und benahm sich wie ein Fünfzehnjähriger. Bateman hatte ihn noch nie so fröhlich gesehen. Als sie später am Strand lagen und den Zigarettenrauch in die klare Luft bliesen, ging eine so unwiderstehliche Lebensfreude von ihm aus, daß Bateman ganz verwirrt war. „Du scheinst das Leben höchst angenehm zu finden", sagte er.

„Das tue ich."

Sie vernahmen ein kleines Geräusch, und als sie sich umschauten, sahen sie Arnold Jackson auf sich zukommen.

„Ich dachte mir schon, daß ich herunterkommen muß, um euch zu holen", sagte er. „Haben Sie das Bad genossen, Mr. Hunter?"

„Sehr", sagte Bateman.

Arnold Jackson trug nun nicht mehr den schmucken Leinenanzug, sondern nichts als einen *Pareo* um die Lenden und keine Schuhe. Sein Körper war tief gebräunt von der Sonne. Mit seinen langen, weißen, lockigen Haaren und seinem asketischen Gesicht wirkte er sehr phantastisch in dem Kleid der Eingeborenen, doch war er sich dessen nicht bewußt und gab sich ganz ungezwungen und natürlich.

„Wenn ihr fertig seid, wollen wir hinaufgehen", sagte er.

„Ich werde mich gleich anziehen", erwiderte Bateman.

„Ach, Teddy, hast du keinen *Pareo* für deinen Freund mitgenommen?"

„Ich glaube, er will lieber Kleider tragen", antwortete Edward lächelnd.

„Ganz bestimmt", bestätigte Bateman grimmig, als er sah, wie Edward sich mit einem trockenen Lendentuch schmückte und fertig und bereit dastand, noch ehe er auch nur sein Hemd angelegt hatte.

„Tut es dir nicht weh, ohne Schuhe zu gehen?" fragte er. „Der Pfad ist doch ziemlich steinig."

„Oh, ich bin daran gewöhnt."

„Es ist so erholsam, den *Pareo* zu tragen, sobald man aus der Stadt kommt", sagte Jackson. „Wenn Sie hierblieben, würde ich es Ihnen dringend anraten, diese Sitte aufzunehmen. Er gehört zu den vernünftigsten Kleidungsstücken, die mir je untergekommen sind, denn er ist kühl, angenehm und billig."

Sie wanderten hinauf, und Jackson führte sie in einen großen Raum mit weißgetünchten Wänden und offener Decke, in dem ein großer Tisch stand. Bateman bemerkte, daß er für fünf Personen gedeckt war.

„Eva, komm, zeige dich Teddys Freund und bereite uns einen Cocktail!" rief Jackson. Dann zog er Bateman an ein langes, niedriges Fenster.

„Sehen Sie sich das an", sagte er mit großer Geste, „sehen Sie es sich gut an!"

Unter ihnen fiel der Hang mit den Kokospalmen steil ab, und die Lagune hatte im abendlichen Licht die zarten und mannigfaltigen Farben einer Taubenbrust. Ein wenig weiter entfernt klebten am Rand eines Baches die Hütten eines Eingeborenendorfes, und draußen am Riff lag ein Kanu, das sich scharf abzeichnete und in dem ein paar Eingeborene fischten. Dahinter sah man die weite Ruhe des Pazifischen Ozeans und, zwanzig Meilen entfernt, hauchgleich und substanzlos wie das Gebilde einer Dichterphantasie, die unvorstellbare Schönheit der

Insel, die den Namen Murea trägt. Dies alles war von solch einer Herrlichkeit, daß Bateman sprachlos dastand.

„Noch nie habe ich etwas Ähnliches gesehen", sagte er schließlich.

Arnold Jackson stand vor ihm, schaute hinaus, und seine Augen waren von träumerischer Sanftheit. Tiefer Ernst lag auf seinem schmalen Denkergesicht. Bateman schaute ihn an, und wieder war er betroffen von der intensiven Geistigkeit seiner Züge.

„Schönheit", murmelte Arnold Jackson, „selten steht man ihr Auge in Auge gegenüber. Prägen Sie sich dies alles gut ein, Mr. Hunter; was Sie jetzt sehen, werden Sie nie wieder sehen, denn der Augenblick ist flüchtig, aber er wird weiterleben im unzerstörbaren Gedächtnis Ihres Herzens. Hier rühren Sie an die Ewigkeit."

Seine Stimme war tief und wohlklingend. Er schien von reinstem Idealismus beseelt, und Bateman hatte Mühe, sich zu erinnern, daß der Mann, der da sprach, ein Verbrecher und ein gerissener Betrüger war. Jackson, der ein kleines Geräusch vernommen hatte, drehte sich rasch um.

„Hier ist meine Tochter, Mr. Hunter."

Bateman reichte ihr die Hand. Sie hatte dunkle, prachtvolle Augen und einen roten, zum Lachen bereiten Mund; aber ihre Haut war braun und das Lockenhaar, das ihr über die Schultern fiel, war rabenschwarz. Sie trug nur ein einziges Kleidungsstück, einen Kittel aus rosafarbener Baumwolle, keine Schuhe und auf dem Kopf ein Gewinde aus weißen, duftenden Blumen. Ein herrliches Geschöpf, schön wie die Göttin des polynesischen Frühlings.

Sie war ein wenig scheu, aber nicht scheuer als Bateman, den diese ganze Situation aufs äußerste verwirrte; und es trug nicht zu seiner Ungezwungenheit bei, als er sah, daß dieses sylphengleiche Wesen den Shaker nahm und mit geübten Händen drei Cocktails mixte.

„Nun laß uns einmal kosten, Kind", sagte Jackson.

Sie schenkte ein und reichte jedem der Männer mit einem hinreißenden Lächeln sein Glas. Bateman bildete sich nicht wenig auf seine Gabe ein, Cocktails zu mixen, und sein Erstaunen war riesig, als er nach einem Schluck zugeben mußte, daß dieser ausgezeichnet schmeckte. Jackson lachte stolz, da er den unwillkürlichen Ausdruck der Billigung auf dem Gesicht seines Gastes bemerkte.

„Nicht schlecht, oder? Ich selbst habe das dem Kind beigebracht. Früher in Chicago war ich überzeugt, daß es in der ganzen Stadt keinen Barmixer gäbe, der es mir gleichtun könnte. Wenn ich nichts Besseres zu tun hatte im Zuchthaus, beschäftigte ich mich damit, mir neue Cocktails auszudenken, aber wenn man der Sache auf den Grund geht, so ist ein Dry Martini durch nichts zu schlagen."

Bateman hatte das Gefühl, jemand habe ihm einen heftigen Schlag gegen das Schienbein gegeben, und er spürte, wie er erst rot und dann schlohweiß wurde. Doch ehe er sich etwas zu sagen ausdenken konnte, brachte ein junger Eingeborener eine große Suppen-schüssel, und die ganze Gesellschaft setzte sich zum Abendessen nieder. Arnold Jacksons Bemerkung hatte in ihm selbst anscheinend eine Reihe von Erinnerungen geweckt, denn er begann jetzt von den Tagen seiner Ge-fangenschaft zu erzählen. Er sprach völlig natürlich und frei von Groll, als berichte er von seinen Erlebnissen auf einer fremden Universität. Er wandte sich häufig an Bateman, und Bateman fühlte sich zuerst verwirrt und dann beschämt. Wie er sah, ruhten Edwards Augen auf ihm, und ein belustigtes Flackern strahlte aus ihnen. Er wurde dunkelrot, denn er glaubte zu bemerken, Jackson mache sich über ihn lustig, und dann, weil er sich albern vorkam – obwohl dazu nicht der geringste Grund vorlag, wie er wußte –, wurde er wütend. Arnold Jackson war einfach schamlos – es gab kein anderes Wort dafür –, und seine Taktlosigkeit, ob gespielt oder nicht, konnte einen rasend machen. Das Abendessen nahm seinen Verlauf. Bateman wurden vielerlei Speisen angeboten, roher Fisch und weiß Gott was nicht alles, das hinunter-zuschlucken ihn nur die Höflichkeit veranlaßte, das aber zu seinem eigenen Erstaunen ganz vorzüglich schmeckte. Dann ereignete sich etwas, das Bateman als das peinlichste Erlebnis dieses Abends empfand. Ein kleiner Blumenkranz lag vor ihm, und um Konversation zu machen, ließ er ein paar Worte darüber fallen.

„Es ist eine Girlande, die Eva für Sie gemacht hat", sagte Jackson, „aber ich glaube, sie war zu schüchtern, sie Ihnen zu geben."

Bateman nahm sie in die Hand und wandte sich mit ein paar höflichen Dankesworten an das Mädchen.

„Sie müssen sie aufsetzen", erwiderte sie mit einem Lächeln und errötete.

„Das ist eine der liebenswürdigen Sitten des Landes", erklärte Jackson.

Auch vor ihm lag solch ein Kranz, und er setzte ihn sich aufs Haar.

„Ich fürchte, ich bin nicht im richtigen Kostüm, um so etwas zu tragen", wehrte Bateman unsicher ab.

„Wollen Sie einen *Pareo* haben?" fragte Eva rasch. „Ich kann Ihnen sofort einen holen."

„Nein, danke! Mir ist ganz behaglich in meinem Anzug."

„Zeige ihm, wie man den Kranz aufsetzt, Eva", sagte Edward.

In diesem Augenblick haßte Bateman seinen besten Freund. Eva erhob sich und drückte ihm unter viel Gelächter das Gewinde auf das schwarze Haar.

„Er steht ihm gut", behauptete Mrs. Jackson, „nicht wahr, Arnold?"

„Natürlich."

Bateman schwitzte aus allen Poren.

„Wie schade, daß es dunkel ist!" rief Eva, „sonst könnten wir euch drei photographieren."

Bateman dankte den Sternen dafür. Er hatte das Gefühl, unwahrscheinlich albern auszusehen in seinem blauen Sergeanzug und dem steifen Kragen – sehr adrett und gentlemanlike – mit dieser lächerlichen Blumengirlande auf dem Kopf. Er kochte vor Gereiztheit und hatte noch niemals in seinem Leben so viel Selbstbeherrschung geübt wie jetzt, als er eine freundliche Miene zur Schau trug. Er war wütend auf diesen alten Mann, der da halbnackt am Ende der Tafel saß mit seinem Heiligengesicht und den Blumen auf den schönen weißen Locken. Die ganze Situation war einfach unmöglich.

Als das Abendessen zu Ende war, blieben Eva und ihre Mutter da, um abzuräumen, während die drei Männer sich auf die Veranda setzten. Die sehr warme Luft war erfüllt vom Duft der weißen Nachtblumen. Der Vollmond zog seine Bahn am wolkenlosen Himmel und ließ einen Streifen auf der weiten Fläche des Meeres, der in die grenzenlosen Bezirke der Ewigkeit führte. Arnold Jackson sprach. Seine Stimme war voll und klangschön. Er erzählte seltsame Geschichten aus der Vergangenheit, Geschichten von wagemutigen Expeditionen ins Unbekannte, von Liebe und Tod, von Haß und Rache. Er sprach von Abenteurern, die diese entlegenen Inseln entdeckt hatten, von Schiffern, die sich dort niederließen und die Töchter der großen Häuptlinge heirateten, und von Strandräubern, die ihr Leben an den silbrigen Küsten gelassen hatten.

Bateman hörte erst verlegen, erbittert und mürrisch zu, doch dann erfaßte ihn irgendwie der Zauber, der in den Worten lag, und er saß völlig verzückt da. Das Traumbild der Romantik stellte das Licht des Alltags in den Schatten. Hatte er vergessen, daß Arnold Jackson eine glatte Zunge besaß, eine Zunge, mit der er Riesensummen aus einem gutgläubigen Publikum gelockt, eine Zunge, die es ihm beinahe erwirkt hatte, der Strafe für seine Verbrechen zu entgehen? Niemand verfügte über größere Beredsamkeit, niemand über mehr Sinn für den Höhepunkt des Augenblicks. Plötzlich erhob er sich.

„Nun, ihr beiden habt euch so lange nicht gesehen. Ich werde euch jetzt allein lassen, damit ihr euch aussprechen könnt. Teddy wird Ihnen Ihr Lager zeigen, wenn Sie zu Bett gehen wollen.“

„Oh, aber ich hatte gar nicht die Absicht, die Nacht hier zu verbringen, Mr. Jackson“, sagte Bateman.

„Es ist aber viel bequemer für Sie. Wir werden dafür sorgen, daß man Sie morgen rechtzeitig weckt.“

Mit einem höflichen Händedruck, stattlich, als sei er ein Bischof im Ornat, nahm Arnold Jackson Abschied von seinen Gästen.

Eine Zeitlang sprach keiner von ihnen. Bateman überlegte, wie er die Unterhaltung beginnen könne, die durch die Ereignisse des Tages seiner Ansicht nach noch dringender geworden war.

„Wann kommst du nach Chicago zurück?“ fragte er plötzlich.

Einen Augenblick lang gab Edward keine Antwort. Dann wandte er sich lässig um, schaute seinen Freund an und erwiderte:

„Ich weiß es nicht. Vielleicht nie mehr.“

„Was um Himmels willen willst du damit sagen?“ rief Bateman.

„Ich bin sehr glücklich hier. Wäre es nicht Wahnsinn, etwas daran zu ändern?“

„Menschenskind, du kannst hier doch nicht dein Lebtag lang bleiben! Das ist kein Leben für einen Mann. Das ist der lebendige Tod. Oh, Edward, komm sofort mit mir, ehe es zu spät ist! Ich hatte schon lange das Gefühl, etwas stimme da nicht. Du hast dich betören lassen von diesem Ort, bist üblen Einflüssen erlegen, aber es bedarf nur eines Rucks, und wenn du dann frei bist von dieser Umgebung, wirst du sämtlichen Göttern auf den Knien danken. Wie ein Süchtiger wirst du sein, der sich von seinem Rauschgift befreien konnte, und du wirst einsehen, daß du zwei volle Jahre lang vergiftete Luft eingeatmet hast. Du kannst dir jetzt nicht vorstellen, was für eine Wonne es für dich sein wird, wieder einmal die reine, frische Luft deines Heimatlandes zu atmen."

Er sprach rasch, die Worte überstürzten sich fast durch die Erregung, und in seiner Stimme schwang echte, liebevolle Besorgnis mit.

Edward war gerührt.

„Wie gut von dir, dich so für mein Wohl einzusetzen, alter Freund!"

„Reise morgen mit mir ab, Edward! Es war ein Fehler, daß du jemals hierhergekommen bist. Das ist kein Leben für dich."

„Du sprichst von dieser Art zu leben und von jener. Wie gelangt deiner Ansicht nach der Mensch zur Erfüllung des Lebens?"

„Nun, ich hätte gedacht, darauf gibt es nur eine Antwort: durch Ausübung seiner Pflicht, durch ernste Arbeit, durch Erledigung aller Verbindlichkeiten, die Staat und Stand ihm auferlegen."

„Und was ist sein Lohn?"

„Sein Lohn besteht in dem Bewußtsein, das erreicht zu haben, was er sich als Ziel gesetzt hat."

„Das klingt ein wenig schauerlich für meine Ohren", sagte Edward, und in der Helligkeit der Nacht konnte Bateman sehen, daß er lächelte. „Ich fürchte, du wirst mich für furchtbar heruntergekommen halten. Es gibt verschiedene Dinge, die ich jetzt bejahe und bestimmt vor drei Jahren noch für entsetzlich gehalten hätte."

„Hast du sie von Arnold Jackson gelernt?"

„Du magst ihn nicht. Das war vielleicht auch nicht anders zu erwarten. Mir ging es anfangs genauso. Ich hatte das gleiche Vorurteil gegen ihn wie du. Er ist ein außergewöhnlicher Mensch. Du hast selbst gesehen, daß er aus der Tatsache, daß er im Zuchthaus gewesen ist, kein Hehl macht. Ich hörte ihn nie darüber oder über seine Verbrechen, die ihn dorthin brachten, ein Wort der Klage oder der Reue äußern. Das einzige Wort des Bedauerns, das mir von ihm zu Ohren gekommen ist, galt seiner nach den Zuchthausjahren beeinträchtigten Gesundheit. Ich glaube, er weiß nicht, was Gewissensbisse sind. Er ist völlig amoralisch. Er heißt alles gut, auch sich selbst. Dabei ist er großzügig und gütig."

„Das war er immer", warf Bateman ein, „auf Kosten anderer."

„Ich habe in ihm einen sehr guten Freund gefunden. Ist es unnatürlich, einen Menschen so zu nehmen, wie er ist?"

„Das Ergebnis davon ist, daß du nicht mehr zwischen Recht und Unrecht unterscheiden kannst."

„Nein, diese Unterscheidung ist mir genauso klar wie je, aber eine andere hat sich mir ein wenig verwirrt, nämlich die zwischen einem guten und einem bösen Menschen. Ist Arnold Jackson ein böser Mensch, der gute Dinge tut, oder ein guter Mensch, der Böses getan hat? Eine Frage, die schwer zu beantworten ist. Vielleicht nehmen wir die Unterschiede zwischen Mensch und Mensch zu wichtig. Vielleicht sind die besten unter uns große Sünder und die schlimmsten große Heilige. Wer kann's wissen?"

„Du wirst mich niemals davon überzeugen, daß schwarz weiß und weiß schwarz sei", sagte Bateman.

„Sicher nicht, Bateman."

Bateman begriff nicht, warum gerade in dem Augenblick, als Edward mit ihm übereinstimmte, der Anflug eines Lächelns über seine Lippen flackerte. Edward schwieg eine Zeitlang.

„Als ich dich heute morgen sah, Bateman", sagte er dann, „kam's mir vor, als sähe ich mich selbst, wie ich vor zwei Jahren war. Den gleichen Kragen, die gleichen Schuhe, den gleichen blauen Anzug, die gleiche Energie habe ich zur Schau getragen, die gleiche Entschlossenheit. Bei Gott, ich war geladen mit Tatkraft. Die schläfrige Art hierzulande brachte mein Blut in Wallung. Ich schaute mich um und sah überall Möglichkeiten zu Unternehmen und Entwicklungen. Hier konnten Vermögen

erworben werden. Es schien mir absurd, daß Kopra hier in Säcke verladen wird, damit man in Amerika Öl daraus presse. Es wäre doch so viel ökonomischer, wenn dies alles am gleichen Orte geschähe, mit verbilligten Arbeitskräften und sicherer Verfrachtung, und ich sah schon riesige Fabriken hier aus dem Boden wachsen. Auch erschien mir die Methode, wie die Kokosnuß verarbeitet wird, ganz und gar unzeitgemäß, und ich erfand eine Maschine, die in einer Stunde zweihundertvierzig Kokosnüsse öffnete und schälte. Der Hafen war nicht groß genug. Ich machte Pläne zu seiner Entwicklung und wollte gleichzeitig ein Syndikat zum Landankauf gründen und zwei oder drei große Hotels errichten lassen und Bungalows für Touristen. Ich hatte auch schon ein Schema ausgearbeitet zur Verbesserung des Dampfverkehrs, um Besucher aus Kalifornien anzuziehen. An Stelle dieses halb französischen, faulen, kleinen Ortes Papeete sah ich in zwanzig Jahren eine große amerikanische Stadt mit zehnstöckigen Gebäuden und Autobussen, einem Theater, einem Opernhaus, einer Börse und einem Bürgermeisteramt."

„Sprich weiter, Edward", rief Bateman und sprang vor Erregung aus seinem Stuhl. „Du hast die Ideen und die Fähigkeiten zu alledem. Mein Gott, du wirst der reichste Mann zwischen Australien und den Staaten sein!"

Edward kicherte leise.

„Aber das will ich doch gar nicht", sagte er.

„Willst du vielleicht damit sagen, daß dir nichts am Geld liegt, an viel Geld, Geld, das in die Millionen geht? Weißt du, was du alles damit tun kannst? Kennst du die Macht, die damit zusammenhängt? Und wenn dir nichts für dich selber daran gelegen ist, bedenke, was du damit tun kannst, indem du dem menschlichen Unternehmungsgeist neue Kanäle öffnest, Tausenden Arbeit gibst. Mein Kopf wirbelt bei der Vision, die du heraufbeschworen hast."

„Setze dich nur wieder hin, mein lieber Bateman", sagte Edward lachend.

„Meine Kokosnußschneidemaschine wird nie in Betrieb kommen, und sofern ich etwas damit zu tun habe, sollen niemals Autobusse durch die verschlafenen Straßen von Papeete rasen."

Bateman sank schwer in seinen Stuhl zurück.

„Ich begreife dich nicht", sagte er.

„Es kam ganz allmählich über mich. Ich fing an, Gefallen an dem Leben hier zu finden, mit seinem Behagen, seiner Muße, den Menschen mit ihrer Gutartigkeit und ihren glücklichen, lächelnden Gesichtern. Ich begann nachzudenken. Dazu hatte ich vorher nie Zeit gehabt. Und ich begann zu lesen."

„Du hast immer gelesen."

„Für die Examina habe ich gelesen oder um bei Unterhaltungen meinen Mann stellen zu können, oder um mich zu belehren. Hier lernte ich, zu meinem Vergnügen zu lesen. Weißt du, daß die Unterhaltung eines der

größten Vergnügen im Leben ist? Ich war vorher dazu
viel zu beschäftigt gewesen. Und allmählich erschien
mir das ganze bisherige Leben, das mir so wichtig vor-
gekommen war, recht alltäglich und gewöhnlich. Was
nützt das ganze Hasten und unaufhörliche Streben?
Wenn ich jetzt an Chicago denke, sehe ich eine dunkle,
graue Stadt, einen Steinhaufen – es ist wie ein Gefängnis – und eine unausgesetzte Plackerei. Und wozu führt
all diese Aktivität? Kommt man damit zum höchsten Genuß des Lebens? Sind wir wirklich dazu auf die Welt gekommen, um ins Büro zu hetzen, Stunden um Stunden
bis in die Nacht hinein zu arbeiten, dann nach Hause zu
rasen, zu Abend zu essen und ins Theater zu gehen?
Muß ich so meine Jugend zubringen? Jugend währt nur
so kurz, Bateman. Und wenn ich alt sein werde, was
habe ich dann zu erwarten? Muß ich weiter morgens ins
Büro hasten, Stunden um Stunden bis in die Nacht hinein arbeiten, nach Hause rasen, zu Abend essen und ins
Theater gehen? Vielleicht mag sich das lohnen, wenn
man ein Vermögen dabei verdient, ich weiß es nicht, es
hängt ganz von der jeweiligen Natur ab. Aber wenn
nicht, lohnt es sich dann? Ich möchte mehr aus meinem
Leben holen als das, Bateman."

„Was sind dann für dich die Werte des Lebens?"

„Ich fürchte, du wirst mich auslachen. Schönheit,
Wahrheit und Güte."

„Glaubst du, daß du diese nicht auch in Chicago haben könntest?"

„Manche können es vielleicht, nicht ich." Nun sprang Edward auf. „Ich sagte dir, wenn ich an das Leben denke, das ich früher geführt habe, packt mich das wahre Grausen!" rief er heftig. „Ich zittere vor Angst, wenn ich an die Gefahr denke, der ich entronnen bin. Ich habe nie gewußt, daß ich eine Seele besitze, ehe ich sie hier gefunden habe. Wenn ich ein reicher Mann geblieben wäre, hätte ich sie vielleicht auf immer verloren."

„Ich verstehe nicht, wie du das sagen kannst!" rief Bateman empört. „Wie oft haben wir Diskussionen darüber gehabt!"

„Ja, ich weiß, sie waren wie die Diskussionen der Taubstummen über Harmonik. Ich werde nie wieder nach Chicago zurückkehren, Bateman."

„Und was ist mit Isabel?"

Edward ging zum Geländer der Veranda, beugte sich darüber und schaute lange hinaus in den blauen Zauber der Nacht. Ein feines Lächeln lag auf seinem Gesicht, als er sich wieder Bateman zuwandte.

„Isabel ist unendlich viel zu gut für mich. Ich bewundere sie mehr als irgendeine andere Frau, die ich je gekannt habe. Sie ist außerordentlich intelligent und ebenso gut wie schön. Ich achte ihre Energie und ihr Streben. Sie ist dazu geboren, Erfolg im Leben zu haben. Ich bin ihrer gänzlich unwürdig."

„Sie denkt anders darüber."

„Aber du mußt es ihr so sagen, Bateman."

„Ich?" rief Bateman aus. „Ich bin der letzte, der das tun kann."

Edward stand mit dem Rücken zu dem starken Mondlicht, so daß Bateman sein Gesicht nicht recht sehen konnte. War es möglich, daß er auch jetzt lächelte?

„Es wäre nicht gut, wenn du versuchtest, ihr irgend etwas zu verheimlichen, Bateman. Sie mit ihrer Intelligenz wird dich doch in den ersten fünf Minuten umstülpen. Besser, du machst von Anfang an reinen Tisch."

„Ich weiß nicht, was du meinst. Selbstverständlich werde ich ihr erzählen, daß ich dich gesehen habe." Bateman sprach mit einiger Erregung. „Aber ehrlich gesagt, ich weiß wirklich nicht, was ich ihr erzählen soll."

„Sage ihr, ich hätte nichts erreicht. Sage ihr, ich sei nicht nur arm, sondern durchaus zufrieden, arm zu sein. Sage ihr, daß man mich aus meiner Stellung verjagt hat, weil ich faul und uninteressiert war. Erzähle ihr alles, was du heute abend gesehen hast, und alles, was ich dir gesagt habe."

Der Gedanke, der jetzt durch Batemans Hirn schoß, ließ ihn aufspringen und Edward mit unbeherrschter Verwirrung anstarren.

„Menschenskind, ja, willst du sie denn nicht heiraten?"

Edward schaute ihn ernst an.

„Ich kann sie nicht bitten, mich freizugeben. Wenn sie mich durch mein gegebenes Wort halten will, werde ich mein Bestes tun, ihr ein guter, liebevoller Gatte zu sein."

„Willst du, daß ich ihr dies ausrichte, Edward? Ach, das kann ich nicht, das ist zu schrecklich. Nicht einen Augenblick lang ist ihr je der Gedanke gekommen, du wolltest sie etwa nicht heiraten. Sie liebt dich. Wie könnte ich ihr diesen Schmerz antun?"

Wieder lächelte Edward.

„Aber warum heiratest du sie denn nicht selbst, Bateman? Seit unendlichen Zeiten bist du doch schon in sie verliebt. Ihr beide seid füreinander wie geschaffen, und du wirst sie sehr glücklich machen."

„Sprich nicht so zu mir, ich halte das nicht aus."

„Ich entsage zu deinen Gunsten, Bateman. Du bist der Bessere."

Etwas lag in Edwards Stimme, das Bateman rasch aufschauen ließ, aber Edwards Augen blickten ernst, und er lächelte nicht. Bateman wußte nicht, was er sagen sollte. Er war völlig verwirrt. Er fragte sich, ob Edward etwa vermuten könne, daß er im besonderen Auftrag nach Tahiti gekommen war. Und obgleich er wußte, wie schrecklich das war, konnte er doch das Entzücken in seinem Herzen nicht zum Schweigen bringen.

„Was wirst du tun, wenn Isabel dir schreibt und die Verlobung löst?" fragte er langsam.

„Überleben", antwortete Edward.

Bateman war so erregt, daß er die Antwort nicht hörte.

„Ach, wenn du nur wenigstens normal gekleidet wärest", sagte er leicht gereizt. „Es ist eine so unheim-

lich schwerwiegende Entscheidung, die du da triffst. Dein Phantasiekostüm ist dem Ernst der Situation nicht angepaßt."

„Ich versichere dir, ich kann in einem *Pareo* und mit einer Rosengirlande ebenso feierlich sein wie in einem Gehrock mit Zylinder."

Dann befiel Bateman noch ein anderer Gedanke.

„Edward, du tust das doch nicht meinetwegen? Ich weiß es noch nicht, aber vielleicht wird dies alles meine Zukunft von Grund auf ändern. Du opferst dich doch nicht auf für mich? Das könnte ich nicht annehmen, verstehst du?"

„Nein, Bateman, ich habe hier gelernt, nicht albern und sentimental zu sein. Ich wäre sehr froh, dich und Isabel glücklich zu wissen, aber ich habe nicht die geringste Absicht, deswegen selbst ein unglückliches Dasein zu führen."

Diese Antwort kühlte Bateman ein wenig ab. Sie schien ihm leicht zynisch. Er wäre nicht traurig gewesen, die Rolle des Edlen zu spielen.

„Willst du damit sagen, daß du zufrieden bist, hier dein Leben zu vergeuden? Denn was du hier treibst, ist so gut wie Selbstmord. Wenn ich an die großen Hoffnungen denke, die du gehegt hast, als wir das College verließen, ist es mir entsetzlich, daß du dich jetzt begnügst, Verkäufer beim ‚billigen Jakob' zu sein."

„Oh, das tue ich nur im Augenblick und sammle dort viel Erfahrung. Aber ich plane anderes. Arnold Jackson besitzt eine kleine Insel in den Paumotas, etwa tausend Meilen von hier entfernt. Dort hat er eine Kokospalmenpflanzung, die er mir angeboten hat."

„Warum sollte er dir seine Pflanzung geben?" fragte Bateman.

„Weil ich, wenn Isabel mich freigibt, seine Tochter heiraten werde."

„Du?" Bateman war niedergeschmettert. „Du kannst doch nicht einen Mischling heiraten. Du wirst doch nicht solch einen Wahnsinn begehen?"

„Sie ist ein gutes Mädchen und hat einen süßen, sanften Charakter. Ich glaube, ich könnte sehr glücklich mit ihr sein."

„Liebst du sie?"

„Ich weiß es nicht", antwortete Edward nachdenklich. „Ich liebe sie nicht so, wie ich Isabel geliebt habe. Ich habe Isabel angebetet, sie für das herrlichste Geschöpf gehalten, dem ich je begegnet war. Ich war bei weitem nicht gut genug für sie. Meine Gefühle für Eva sind ganz andere. Sie ist wie eine schöne, exotische Blume, die vor rauhen Winden geschützt werden muß. Und ich will sie beschützen. Niemand könnte auf den Gedanken kommen, Isabel beschützen zu wollen. Und ich glaube, Eva liebt mich als den, der ich bin, und nicht als den, der ich vielleicht einmal werde! Was auch aus mir wird, ich werde sie nie enttäuschen. Sie paßt zu mir."

Bateman schwieg.

„Wir müssen morgen früh aufstehen", sagte Edward schließlich. „Es ist wirklich Zeit, jetzt ins Bett zu gehen."

Dann sprach Bateman, und seine Stimme war voll echter Trauer.

„Ich bin ganz verwirrt und weiß wirklich nicht, was ich sagen soll. Ich bin hierhergekommen, weil ich wußte, daß etwas nicht in Ordnung war. Ich dachte, du hättest das nicht erreicht, was du dir vorgenommen hattest, und schämtest dich, dieses Versagens wegen zurückzukommen. Doch was ich vorgefunden habe, übertrifft alle meine Befürchtungen. Ich bin tief unglücklich, Edward. Ich bin tief enttäuscht. Ich habe Großes von dir erwartet. Der Gedanke, daß du deine Gaben, deine Jugend und dein Glück hier vergeudest, ist fast mehr, als ich ertragen kann."

„Gräme dich nicht, alter Freund", sagte Edward. „Ich habe nicht versagt, ich habe gesiegt. Du kannst dir nicht vorstellen, mit welcher Lust ich in die Zukunft schaue, wie herrlich voll mir das Leben erscheint und wie wichtig. Manchmal, wenn du mit Isabel verheiratet sein wirst, denke an mich. Ich werde mir auf meiner Koralleninsel ein Haus bauen und dort leben und meine Kokospalmen pflegen. Und ich werde die Früchte aus den Schalen auf die alte Weise holen, die man seit unzähligen Jahren angewendet hat. Allerlei werde ich anpflanzen in meinem Garten und fischen gehen. Es wird genug Arbeit geben, so daß ich stets beschäftigt sein werde, aber nicht genug, daß ich daran verdumme. Und ich habe meine Bücher und Eva und Kinder, so hoffe ich, und vor allem die unendliche Vielgestalt des Meeres und des Himmels, die Frische des Morgens, die Herrlichkeit des Sonnenunterganges und den Reichtum und die Großartigkeit der Nacht. Ich werde einen Garten machen aus dem, was noch so kurz vorher nichts als pure Wildnis war. Und dann werde ich auch etwas geschaffen haben. Unbemerkt werden die Jahre dahingehen, und wenn ich alt bin, hoffe ich, auf ein glückliches, einfaches, friedliches Leben zurückblicken zu können. Auf meine bescheidene Weise werde auch ich in Schönheit gelebt haben. Schätzt du es so gering, erfahren zu haben, was Zufriedenheit ist? Wir hier wissen, daß es dem Menschen wenig nützt, die ganze Welt zu gewinnen und seine Seele zu verlieren. Und ich glaube, ich habe die meine wiedergefunden."

Edward führte ihn zu dem Zimmer, in dem zwei Betten standen, und warf sich auf das eine. Zehn Minuten später erkannte Bateman an dem regelmäßigen Atem, der friedvoll ging wie der eines Kindes, daß sein Freund eingeschlafen war. Er selbst jedoch fand keine Ruhe, sein Gemüt war erschüttert, und erst, als die Dämmerung sich geisterhaft und still ins Zimmer schlich, schlummerte auch er.

Bateman kam zum Ende der Geschichte, die er Isabel erzählte. Er hatte nichts vor ihr verborgen, mit Ausnahme des wenigen, das sie verletzen und ihn hätte lächerlich machen können. So verschwieg er ihr, daß man ihn gezwungen hatte, mit einem Blumenkranz auf dem Kopf bei Tisch zu sitzen, und ebenso, daß Edward, sobald sie ihn freigeben werde, die Absicht hege, die Halbbluttochter ihres Onkels zu heiraten. Aber vielleicht hatte Isabel mehr Intuition, als er wußte, denn als er fortfuhr mit seiner Geschichte, wurden ihre Augen kälter, und ihre Lippen preßten sich fester aufeinander. Hier und da schaute sie ihn fest an, und er hätte sich, wäre er weniger eingehend mit seiner Erzählung beschäftigt gewesen, vielleicht über den Ausdruck auf ihrem Gesicht gewundert.

„Wie sah dieses Mädchen aus?" fragte sie ihn. „Onkel Arnolds Tochter? Würdest du sagen, daß zwischen ihr und mir eine gewisse Ähnlichkeit besteht?"

Bateman war über diese Frage mehr als erstaunt.

„Mir ist nichts aufgefallen. Du weißt, ich habe für niemanden Augen außer für dich, und ich könnte mir nicht vorstellen, daß irgend jemand so ist wie du. Wer könnte dir gleichen?"

„Ist sie hübsch?" fragte sie mit einem leichten Lächeln.

„Ich nehme an. Sicher gibt es Menschen, die sie für eine ausgesprochene Schönheit halten."

„Nun, das hat nichts zu sagen. Ich glaube, wir brauchen ihr keinen weiteren Gedanken mehr zu schenken."

„Was wirst du tun, Isabel?" fragte er. Isabel schaute nieder auf ihre Hand, die immer noch den Ring trug, den Edward ihr zu ihrer Verlobung geschenkt hatte.

„Ich habe Edward damals unsere Verbindung nicht abbrechen lassen, weil ich glaubte, sie werde ihn anspornen. Ich wollte eine Inspiration für ihn sein. Ich dachte, wenn irgend etwas fähig sei, ihn zum Erfolg zu führen, so wäre es der Gedanke an meine Liebe. Ich habe getan, was ich konnte. Es hat nichts genützt. Es wäre nur Schwäche meinerseits, diese Tatsache nicht anzuerkennen. Armer Edward, er ist sein eigener größter Feind. Er war ein lieber, guter Junge, aber etwas hat ihm immer gefehlt. Ich glaube, es war Rückgrat. Ich hoffe, er wird glücklich."

Damit streifte sie den Ring vom Finger und legte ihn auf den Tisch.

Bateman schaute ihr dabei mit so heftig klopfendem Herzen zu, daß er kaum atmen konnte.

„Du bist groß, Isabel, du bist einfach groß."

Sie lächelte, stand auf und reichte ihm die Hand.

„Wie kann ich dir jemals danken, was du für mich getan hast?" sagte sie. „Du hast mir einen großen Dienst erwiesen. Ich wußte, daß ich dir vertrauen durfte."

Er nahm ihre Hand und ließ sie nicht mehr los. Noch nie hatte sie so schön ausgesehen.

„Oh, Isabel, ich möchte so viel mehr für dich tun als das. Du weißt, daß ich mir nichts anderes wünsche als die Erlaubnis, dich zu lieben und dir zu dienen."

„Du bist so stark, Bateman", seufzte sie. „Das gibt mir ein so köstliches Gefühl von Zuversicht."

„Isabel, ich bete dich an."

Er wußte kaum, wie er dazu gekommen war, aber plötzlich schlang er die Arme um sie, und ohne sich zu wehren, lächelte sie ihm in die Augen.

„Isabel, weißt du, daß ich dich von dem Tage an, da ich dich zum erstenmal gesehen hatte, immer heiraten wollte?" rief er voller Leidenschaft.

„Warum in aller Welt hast du dann nicht um mich angehalten?" erwiderte sie.

Sie liebte ihn. Er konnte kaum glauben, daß dies kein Traum sei. Sie hielt ihm die lieblichen Lippen zum Kusse hin. Und als er sie umarmte, hatte er eine Vision: er sah die Huntersche Motoren- und Automobilgesellschaft wachsen an Größe und Wichtigkeit, er sah Millionen von Motoren daraus hervorgehen; er sah eine große Bildersammlung, die er anlegen wollte und die alles schlug, was es an ähnlichem in New York gab. Und sich selbst sah er: er trug eine Hornbrille. Und sie, umschlossen vom köstlichen Druck seiner Arme, seufzte vor Glück, denn sie dachte an das erlesene Haus, das sie besitzen würde, ausgestattet mit antiken Möbeln, und an die Konzerte, die darin stattfinden würden, und an die *thés dansants* und die großen Essen, zu denen nur die besten und kultiviertesten Menschen Zutritt haben sollten. Und sie sah Bateman mit Hornbrille.

„Armer Edward!" seufzte sie.

RED

er Kapitän steckte die Hand in eine der Hosentaschen und zog, nicht ohne Umständlichkeit, denn die Taschen saßen nicht an der Seite, sondern vorne, und er war ein wohlbeleibter Mann, seine silberne Uhr hervor. Er warf einen Blick darauf und einen zweiten auf die sinkende Sonne. Der Kanake am Steuer schaute ihn an, sagte aber nichts. Die Augen des Kapitäns hefteten sich jetzt auf die Insel, der sie sich näherten. Eine weiße Schaumlinie zeigte das Riff an. Er wußte, daß es dort eine Öffnung, eine Einfahrt gab, die groß genug war, daß er mit seinem Schiff durchkommen konnte, und bei weiterer Annäherung hoffte er, sie zu sehen. Sie hatten noch gut eine Stunde Tageslicht vor sich. In der Lagune war das Wasser tief, und sie konnten dort bequem vor Anker gehen. Der Häuptling des Dorfes, den er bereits unter den Kokospalmen sehen konnte, war ein Freund des Maats, und es war eine angenehme Aussicht, heute abend an Land zu gehen. Eben tauchte der Maat auf, und der Kapitän wandte sich an ihn.

„Wir nehmen eine Flasche Alkohol mit und suchen uns ein Mädchen zum Tanzen", sagte er.

„Ich sehe die Öffnung nicht", antwortete der Maat.

Er war ein Kanake, ein stattlicher, dunkelhaariger

Bursche mit dem Aussehen eines späten, ein wenig zur Fülle neigenden römischen Kaisers, aber sein Gesicht war schön und scharf geschnitten.

„Ich bin hundertprozentig sicher, daß gleich hier eine ist", sagte der Kapitän und schaute durch sein Glas. „Ich begreife nicht, warum ich sie nicht schon sehe. Schicke einen von den Jungens auf den Mast, er soll ausschauen."

Der Maat rief einen von der Mannschaft und gab ihm den Befehl. Der Kapitän schaute zu, wie der Kanake hinaufkletterte, und wartete auf Bericht. Aber der Kanake rief herunter, er sehe nichts als eine ununterbrochene Schaumlinie. Der Kapitän sprach Samoanisch wie ein Eingeborener und beschimpfte ihn ausgiebig.

„Soll er oben bleiben?" fragte der Maat.

„Wozu?" antwortete der Kapitän. „Der Idiot sieht ja nichts. Ich würde die Öffnung sehen, wenn ich droben wäre, da kannst du Gift darauf nehmen."

Er schaute wütend zum schlanken Mast hinauf. Das war alles gut und recht für einen Eingeborenen, der sein ganzes Leben lang auf Kokospalmen zu klettern gewohnt ist. Aber er war fett und schwer.

„Komm herunter!" brüllte er. „Ein blinder Dackel sieht mehr als du. Werden wir eben am Riff entlangfahren und die Öffnung suchen müssen."

Das Schiff war ein Siebzigtonnenschoner mit Paraffinantrieb und in verdrecktem Zustand; es machte, wenn es nicht gerade Gegenwind hatte, vier bis fünf Knoten in der Stunde. Vor sehr langer Zeit hatte man es einmal weiß bemalt, doch sah es jetzt schmutzig, verbeult und verfleckt aus. Es roch stark nach Paraffin und nach Kopra, seiner üblichen Fracht. Sie waren jetzt noch etwa hundert Fuß vom Riff entfernt, und der Kapitän befahl dem Steuermann, am Ufer entlangzusegeln, bis die Einfahrtsöffnung gefunden sei. Doch als sie ein paar Meilen so gefahren waren, war ihm klar, daß sie sie übersehen haben mußten. Der weiße Schaum lag ohne Unterbrechung vor ihnen, und die Sonne war im Untergehen. Mit einem Fluch auf die Dummheit der Mannschaft fügte sich der Kapitän darein, bis zum nächsten Morgen zu warten.

„Dreh bei", sagte er, „ich kann hier nicht ankern."

Sie fuhren wieder ein bißchen hinaus, und schon war es ganz dunkel. Sie ankerten. Als das Segel festgemacht war, begann das Schiff heftig zu rollen. In Apia sagten sie, es werde schon eines schönen Tages einmal kentern, und der Besitzer, ein Deutschamerikaner, äußerte, für kein Geld der Welt ließe er sich verführen, darauf zu fahren. Der Koch, ein sehr schmutziger, zerlumpter Chinese in weißen Hosen und dünner weißer Jacke, kam und sagte, das Essen sei fertig, und als der Kapitän in die Kabine ging, fand er den Ingenieur bereits bei Tisch. Der Ingenieur war ein langer, magerer Mensch mit dürrem Hals. Er trug einen blauen Overall und einen ärmellosen Sweater, der die dünnen, vom Ellbogen bis zu den Handgelenken tätowierten Arme sehen ließ.

„Gemein, die Nacht hier draußen verbringen zu müssen", sagte der Kapitän.

Der Ingenieur antwortete nicht, und sie verzehrten ihr Essen schweigend. Die Kabine wurde von einer trüben Öllampe erleuchtet. Als sie die Büchsenaprikosen, mit denen das Mahl endete, gegessen hatten, brachte der Chink jedem von ihnen eine Tasse Tee. Der Kapitän zündete sich eine Zigarre an und ging auf das obere Deck. Die Insel war jetzt nur als dunkle Masse gegen den Nachthimmel zu sehen. Die Sterne funkelten. Der einzige Laut, der zu hören war, kam von der pausenlos heranschlagenden Brandung. Der Kapitän ließ sich in einen Deckstuhl fallen und paffte vor sich hin. Drei oder vier Leute von der Mannschaft kamen auch herauf und setzten sich nieder. Einer von ihnen hatte ein Banjo, ein anderer eine Ziehharmonika. Sie begannen zu spielen, und ein dritter sang. Das Südseelied klang seltsam zu diesen Instrumenten. Dann fingen ein paar zu tanzen an. Es war ein barbarischer Tanz, wild und primitiv, mit raschen Hand- und Fußbewegungen und Körperwindungen, sinnlich, sexuell sogar, aber sexuell ohne Leidenschaft. Er war tierhaft, unmittelbar, unheimlich, ohne Mysterium, kurz: natürlich, und man hätte fast sagen können: kindlich. Schließlich wurden sie müde. Sie streckten sich auf dem Deck aus, schliefen sofort ein, und alles war still. Der Kapitän raffte sich schwer aus seinem Stuhl auf, kletterte die Kajütentreppe hinunter, betrat seine Kajüte und legte die Kleider ab. Dann stieg er in seine Schlafkoje und lag da. Er schnappte ein wenig nach Luft in der Hitze der Nacht.

Am nächsten Morgen, als die Dämmerung sich über die ruhige See breitete, entdeckten sie die Einfahrtsöffnung, die ihnen am Abend zuvor entgangen war, ein wenig östlich von dem Punkt, an dem sie lagen. Der Schoner fuhr in die Lagune ein. Nicht das kleinste Gekräusel zeigte sich auf dem Wasser. Tief drunten zwischen den Korallenfelsen sah man bunte kleine Fische schwimmen. Als er sein Schiff verankert hatte, frühstückte der Kapitän und ging dann an Deck. Die Sonne schien vom wolkenlosen Himmel, aber die Luft des frühen Morgens war angenehm kühl. Es war Sonntag, und ein Gefühl der Stille, des Schweigens, als ruhe die Natur aus, vermittelte ihm ein seltsames Behagen. Er saß da, schaute auf die bewaldete Küste und fühlte sich auf die angenehmste Art faul. Langsam verbreitete sich ein kleines Lächeln auf seinen Lippen, als er den Stummel der Zigarre ins Wasser warf.

„Ich denke, ich werde an Land gehen", sagte er.

„Holt das Boot herunter."

Steif kletterte er die Leiter hinunter und wurde zu einer kleinen Bucht gerudert. Die Kokospalmen wuchsen bis zum Wasserrand, nicht in Reihen, aber in gleichmäßigen Abständen. Sie sahen aus wie ein Altjungfernballett, angejahrt und geschwätzig, das in gezierter Haltung dastand, mit der zimperlichen Grazie entschwundener Jugend. Er streifte müßig hindurch auf einem

Pfad, dessen gewundener Lauf kaum zu sehen war und
der ihn jetzt zu einem breiten Fluß führte. Eine Brücke
überquerte ihn, aber eine Brücke, die nur aus den Stäm-
men der Kokospalmen bestand, etwa aus einem Dut-
zend, die, Ende an Ende zusammengefügt, von den im
Flußbett stehenden Zweiggabelungen gestützt wurden.
Man mußte auf der glatten, sich rundenden Oberfläche,
die schmal und schlüpfrig ist, gehen, und es gab nichts,
woran die Hände sich hätten klammern können. Solch
eine Brücke zu überschreiten erforderte sichere Füße
und ein kräftiges Herz. Der Kapitän zögerte. Doch er sah
auf der anderen Seite, eingenistet zwischen den Bäumen, das Haus eines weißen Mannes. Also faßte er einen
Entschluß und machte sich vorsichtig an die Überquer-
rung. Er schaute bedachtsam auf seine Füße, und wo ein
Stamm an den nächsten stieß und sich dadurch ein kleiner Höhenunterschied ergab, schwankte er ein wenig.
Mit einem Seufzer der Erleichterung betrat er den letzten Stamm und setzte schließlich den Fuß auf den festen
Boden der anderen Seite. Er war vollauf mit diesem
schwierigen Weg beschäftigt gewesen und hatte daher
nicht bemerkt, daß ihm jemand zuschaute, und er war
äußerst überrascht, als er seine Stimme vernahm:

„Es braucht Nerven, solche Brücken zu überqueren,
wenn man nicht daran gewöhnt ist."

Er schaute auf und gewahrte einen Mann vor sich.
Offensichtlich war er aus dem Haus gekommen, das er
gesehen hatte.

„Ich habe bemerkt, wie Sie zögerten", fuhr der Mann mit einem Lächeln auf den Lippen fort, „und ich wollte zuschauen, wie Sie hineinplumpsen."

„Nie im Leben!" erwiderte der Kapitän mit wiedergewonnenem Selbstvertrauen.

„Ich bin selbst schon hineingefallen. Ich erinnere mich, eines Abends, als ich von der Jagd heimkam, fiel ich hinein mit Gewehr und allem. Jetzt nehme ich immer einen Jungen mit, der das Gewehr trägt."

Er war kein junger Mann mehr, hatte einen kleinen, leicht ergrauten Bart und ein mageres Gesicht und trug ein Unterhemd ohne Ärmel, Leinenhosen und weder Schuhe noch Strümpfe. Sein Englisch hatte einen leichten Akzent.

„Sind Sie Neilson?" fragte der Kapitän.

„Ja."

„Ich habe von Ihnen gehört. Ich dachte mir schon, Sie müßten hier irgendwo wohnen."

Der Kapitän folgte seinem Gastgeber in den kleinen Bungalow und setzte sich schwer in den Stuhl, wozu der andere ihn mit einer Handbewegung eingeladen hatte. Während Neilson hinausging, um Whisky und Gläser zu holen, schaute der Gast sich im Raume um. Was er erblickte, ließ ihn staunen. Noch nie hatte er so viele Bücher beisammen gesehen. Die Gestelle an allen vier Wänden reichten vom Boden bis zur Decke und waren bis zum letzten Platz ausgefüllt. Ein großer Flügel stand da, bedeckt mit Noten, und ein breiter Tisch, auf dem

Bücher und Zeitschriften unordentlich umherlagen. Er fühlte sich unbehaglich in diesem Zimmer. Auch fiel ihm ein, daß Neilson den Ruf der Seltsamkeit hatte. Niemand wußte viel über ihn, obgleich er seit Jahren hier auf den Inseln lebte, aber wer immer ihn kannte, gab zu, daß er ein seltsamer Kauz sei. Er war Schwede.

„Eine Unmenge von Büchern haben Sie da", sagte der Kapitän, als Neilson zurückkam. „Sie tun keinem etwas Böses", antwortete Neilson mit einem Lächeln.

„Haben Sie alle gelesen?" fragte der Seemann.

„Fast alle."

„Auch ich bin so etwas wie ein Leser. Ich lasse mir die *Saturday Evening Post* regelmäßig zuschicken."

Neilson goß seinem Gast ein gutes steifes Glas Whisky ein und reichte ihm eine Zigarre. Der Kapitän gab ungefragt Auskunft über sich.

„Ich bin gestern abend angekommen, konnte aber die Einfahrt nicht finden, deshalb mußte ich draußen ankern. Das ist nicht meine gewöhnliche Tour, aber meine Leute hatten irgendeine Ware, die sie herüberbringen wollten. Kennen Sie Gray?"

„Ja, er hat ein Geschäft ein bißchen weiter drinnen."

„Nun, es gab da einen Haufen Büchsensachen, die er haben wollte. Und er hat etwas Kopra. Und da fand man, ich könnte ebensogut herüberfahren wie untätig in Apia liegen. Ich fahre sonst meistens zwischen Apia und Pago-Pago, aber dort sind gerade die Pocken, und nichts rührt sich."

Er nahm einen Schluß von seinem Whisky und zündete sich die Zigarre an. Sonst war er gewöhnlich recht schweigsam, aber etwas ging von Neilson aus, das ihn nervös machte, und in seiner Nervosität sprach er. Der Schwede schaute ihn mit seinen großen, dunklen Augen an, in denen der Ausdruck leichter Belustigung lag.

„Das ist ein hübscher kleiner Fleck hier, den Sie sich ausgesucht haben."

„Ich habe mein Bestes draus gemacht".

„Sie müssen nicht schlecht verdienen mit ihren Bäumen. Sie stehen gut. Bei dem Preis, der heutzutage für Kopra gezahlt wird! Ich hatte selbst einmal eine kleine Plantage, in Upolu war das, aber ich mußte sie verkaufen."

Wieder schaute er sich im Zimmer um, und wieder schauten ihn die Bücher wie etwas Unbegreifliches und Feindliches an.

Und so fragte er: „Finden Sie es nicht trotzdem manchmal einsam hier?"

„Alles Gewohnheit. Ich bin seit fünfundzwanzig Jahren hier."

Jetzt wußte der Kapitän nichts mehr zu sagen und rauchte in Schweigen. Neilson hatte offensichtlich nicht das Verlangen, es zu brechen. Er schaute seinen Gast mit nachdenklichen Blicken an. Der Kapitän war ein großer Mann, mehr als sechs Fuß hoch und sehr stämmig. Sein rotes Gesicht war voller Pusteln und zeigte ein Netzwerk kleiner violetter Adern auf den Wangen. Seine

Züge versanken im Fett. Die Augen waren blutunterlaufen, und Fettringe zogen sich um den Hals. Abgesehen von einem Kranz langer, lockiger, fast weißer Haare am Hinterkopf war er völlig kahl. Die große, glänzende Fläche der Stirn, die ihm früher vielleicht einmal irreführenderweise das Aussehen eines intelligenten Menschen verliehen hatte, ließ ihn jetzt im Gegenteil auf seltsame Art einfältig erscheinen. Er trug ein blaues, am Halse offenes Hemd, das seine mit wirren, rötlichen Haaren bedeckte Brust sehen ließ, und ganz alte, blaue Sergehosen. Schwer und plump saß er in seinem Stuhl, den großen Bauch vorgewölbt, die dicken Beine gespreizt. Alle Elastizität war aus seinen Gliedern geschwunden. Neilson dachte lässig daran, was für eine Art Mensch er wohl in seiner Jugend gewesen sein mochte. Es war fast unmöglich, sich dies vorzustellen, denn diese ungelenke Masse war niemals ein Knabe gewesen, der sich getummelt hatte. Der Kapitän leerte sein Glas, und Neilson schob ihm die Flasche zu.

„Bedienen Sie sich!"

Der Kapitän beugte sich vor und ergriff sie mit seinen großen Händen.

„Und wie sind Sie in diese Gegend verschlagen worden?" fragte er.

„Oh, ich bin meiner Gesundheit wegen auf die Inseln gekommen. Meine Lunge war nicht in Ordnung, und man sagte mir, ich hätte nur mehr ein Jahr zu leben. Sie sehen, man hat sich geirrt."

„Ich meinte, wie Sie dazu gekommen sind, sich hier niederzulassen."

„Ich bin ein Sentimentaler."

„Oh!"

Neilson wußte, daß der Kapitän keine Ahnung hatte, was das heißt, und er schaute ihn mit einem ironischen Blinken seiner dunklen Augen an. Vielleicht gerade, weil der Kapitän so ein grobschlächtiger, dumpfer Mensch war, reizte es ihn, weiterzusprechen.

„Sie waren beim Überqueren der Brücke zu sehr mit Ihrem Gleichgewicht beschäftigt, als daß Sie es hätten bemerken können, aber dieser Fleck gilt als besonders schön."

„Es ist wirklich ein famoses kleines Haus, das Sie hier haben."

„Ach, das gab es natürlich noch nicht, als ich hierherkam. Eine Eingeborenenhütte mit ihrem Bienenstockdach und ihren Strebepfeilern stand da im Schatten eines großen Baumes mit roten Blüten, und Krotonbüsche mit ihren gelben, roten und goldenen Blättern wuchsen ringsum wie ein bunter Zaun. Und überall wuchsen Kokospalmen, phantastisch wie Frauen und ebenso nutzlos. Sie standen da am Wasserrand und verbrachten ihre Tage damit, ihr Spiegelbild zu betrachten. Ich war damals noch ein junger Mann – lieber Himmel, es ist ein Vierteljahrhundert her! – und wollte die ganze Schönheit der Welt in der kurzen Zeit genießen, die mir zuerteilt war, ehe ich ins Dunkel schwinden sollte. Ich fand dies den schönsten Flecken Erde, den ich je gesehen hatte. Als ich das erste Mal hierherkam, stahl sich mir dieser Anblick ins Herz, und ich hatte Angst, weinen zu müssen. Ich war erst fünfundzwanzig, und obwohl ich mir nichts anmerken ließ, hatte ich gar keine Lust zu sterben. Und irgendwie schien es mir, als mache die Schönheit dieses Fleckchens es mir leichter, mich in mein Geschick zu fügen. Ich hatte das Gefühl, als ich hierherkam, als sei meine ganze Vergangenheit von mir abgefallen, Stockholm und seine Universität und dann Bonn; all das Frühere kam mir vor wie das Leben eines anderen, als wäre ich erst hier zu der Wirklichkeit gelangt, von der unsere Doktoren der Philosophie – ich selbst bin einer, wissen Sie – so viel gesprochen haben. ,Ein Jahr', sagte ich zu mir, ,ich habe noch ein Jahr vor mir. Das will ich hier verbringen und dann zufrieden sterben.' Mit fünfundzwanzig sind wir so albern, sentimental und melodramatisch; wären wir es aber nicht, so könnten wir vielleicht mit fünfzig nicht so weise sein. – Nun, trinken Sie, mein Freund, lassen Sie sich von dem Unsinn, den ich daherrede, nicht stören!"

Er wies mit seinen mageren Händen auf die Flasche, und der Kapitän trank, was noch in seinem Glas verblieben war.

„Sie trinken ja gar nichts", sagte er und langte nach dem Whisky.

„Ich gehöre zu den Nüchternen", sagte der Schwede mit einem Lächeln. „Ich berausche mich auf andere

Weise und rede mir ein, sie wäre feiner. Aber das ist nichts als Eitelkeit. Allerdings sind die Wirkungen dauerhafter und die Ergebnisse weniger schädlich."

„Man sagt, es wird jetzt viel Kokain eingeschmuggelt", bemerkte der Kapitän.

Neilson kicherte. „Aber ich sehe so selten einen weißen Mann", fuhr er fort, „und ich denke, für einmal wird mir ein Tropfen Whisky nicht schaden."

Er schenkte sich ein wenig ein, goß Wasser nach und tat einen Schluck.

„Und dann fand ich heraus, warum diese Stelle von so überirdischer Schönheit war. Hier hatte die Liebe sich für einen Augenblick niedergelassen, wie der Zugvogel vielleicht auf seinem Schiff mitten im Ozean verweilt und die müden Flügel faltet. Der Anhauch einer herrlichen Leidenschaft schwebte über allem wie der Duft von Weißdorn im Mai auf den Matten meiner Heimat. Mir scheint, die Orte, wo Menschen geliebt oder gelitten haben, behalten auf immer ein gewisses Aroma, das nie mehr gänzlich schwindet. Es ist, als hätten diese Orte eine spirituelle Bedeutung erlangt, die sich geheimnisvollerweise denjenigen mitteilt, die vorübergehen. Ich wünschte, ich könnte mich klar ausdrücken." Er lächelte ein wenig. „Obgleich ich mir selbst dann nicht einrede, Sie würden mich verstehen."

Er hielt inne.

„Ich glaube, dieser Ort war so herrlich, weil hier auf herrliche Weise geliebt worden war." Und jetzt zuckte er die Schultern. „Oder vielleicht scheint es mir nur so, weil sich mein ästhetischer Sinn von junger Liebe und der dazu passenden Umgebung so gern entzücken läßt."

Auch bei einem weniger schwer begreifenden Menschen als dem Kapitän wäre es verzeihlich gewesen, wenn Neilsons Worte ihn verwirrt hätten. Noch dazu lachte der Schwede ein wenig zu allem, was er sagte. Es war, als spreche er von Gemütsbewegungen, die sein Intellekt lächerlich fand. Er hatte sich selbst sentimental genannt. Und wo sich Sentimentalität mit Skepsis verbindet, ist häufig der Teufel los.

Er schwieg für einen Augenblick und schaute dann den Kapitän mit Augen an, in denen der Ausdruck plötzlicher Verblüffung lag.

„Wissen Sie, ich kann mir nicht helfen, aber ich glaube, ich habe Sie schon einmal irgendwo gesehen", sagte er.

„Ich kann mich nicht erinnern", erwiderte der Kapitän.

„Ich habe das seltsame Gefühl, daß mir Ihr Gesicht bekannt sein müßte. Das quält mich schon eine ganze Weile. Aber mein Gedächtnis nennt mir weder Ort noch Zeit, wo ich Sie getroffen haben könnte."

Der massige Seemann zuckte die schweren Schultern. „Es ist dreißig Jahre her, seit ich das erste Mal auf die Inseln gekommen bin. Kein Mensch kann sich an all die Leute erinnern, denen er in so vielen Jahren begegnet ist."

Der Schwede schüttelte den Kopf.

„Man kennt das ja, daß man manchmal an einem Ort, wo man nie zuvor gewesen ist, ein Gefühl seltsamer Vertrautheit hat. So geht es mir eben mit Ihnen."

Er lächelte seltsam. „Vielleicht habe ich Sie in einem früheren Leben gekannt. Vielleicht waren Sie der Befehlshaber einer Galeere im alten Rom und ich einer Ihrer Rudersklaven. Seit dreißig Jahren sind Sie in der Gegend?"

„Seit vollen runden dreißig Jahren."

„Haben Sie da vielleicht einen Mann gekannt, den man Red nannte?"

„Red?"

„Das ist der einzige Name, mit dem ich ihn habe nennen hören. Ich habe ihn nicht persönlich gekannt, habe ihn nie gesehen. Und doch scheint es mir, als sähe ich ihn deutlicher vor mir als viele andere, meine Brüder zum Beispiel, mit denen ich so viele Jahre tagtäglich beisammen war. Er lebt in meiner Vorstellung so scharf umrissen wie Paolo Malatesta oder Romeo. Aber Sie haben wahrscheinlich nie Dante oder Shakespeare gelesen, oder?"

„Kann ich nicht behaupten", sagte der Kapitän.

Neilson zog an seiner Zigarre, legte sich in seinen Stuhl zurück und schaute gedankenverloren zu den Rauchringen empor, die in der reglosen Luft schwebten. Ein Lächeln umspielte seine Lippen, aber seine Augen waren ernst. Dann schaute er den Kapitän an. Etwas so

Abstoßendes lag in dieser groben Fettleibigkeit, daß es wie ein Schimpf wirkte. Sie ging Neilson auf die Nerven. Aber der Gegensatz zwischen diesem Mann vor ihm und demjenigen, an den er dachte, belustigte ihn doch etwas.

„Anscheinend war Red einer der anmutigsten Menschen, denen man begegnen kann. Ich habe mit vielen Leuten gesprochen, die ihn damals gekannt haben, und alle stimmten in der Aussage überein, daß seine Schönheit, wenn man ihn zum erstenmal erblickte, einem den Atem benahm. Er wurde Red genannt, weil seine Haare flammenrot waren. Sie hatten eine natürliche Welle, und er trug sie lang. Sie müssen von jener wundervollen Farbe gewesen sein, die die Präraffaeliten so entzückt hat. Ich glaube nicht, daß er stolz darauf war, dazu war er viel zu beschwingt, aber niemand hätte es ihm übelnehmen können, wenn er es gewesen wäre. Er war sechs Fuß ein Zoll groß – in dem Eingeborenenhaus, wo er gelebt hat, ist seine Größe mit einem Messer in den Hauptpfeiler eingekerbt worden, der das Dach trägt –, und er war gewachsen wie ein griechischer Gott, breitschultrig, schmalhüftig wie der junge Apoll, mit genau jener Rundheit, die Praxiteles ihm gegeben hat, und der sanften, weiblichen Anmut, die etwas Verwirrendes, Geheimnisvolles hat. Seine Haut war blendend weiß, milchig, wie Seide, die Haut einer Frau."

„Ich habe selbst so eine weiße Haut gehabt, als ich noch ein Jüngling war", sagte der Kapitän mit einem Zwinkern der blutunterlaufenen Augen.

Aber Neilson beachtete diesen Einwurf nicht. Er erzählte jetzt seine Geschichte, und jede Unterbrechung machte ihn ungeduldig.

„Und sein Gesicht war ebenso schön wie sein Körper. Er hatte große blaue Augen, von so dunklem Blau, daß viele behaupteten, sie seien schwarz gewesen, und im Gegensatz zu den meisten Rothaarigen dunkle Augenbrauen und lange dunkle Wimpern. Seine Züge waren von vollkommener Regelmäßigkeit, und sein Mund war eine scharlachrote Wunde. Zwanzig Jahre zählte er damals."

Bei diesen Worten hielt der Schwede an. Das Gefühl für das Dramatische überkam ihn. Er nahm einen Schluck von seinem Whisky.

„Er war einmalig. Es gab keinen, der je schöner gewesen wäre. Er hatte nicht mehr Auftrag als eine wunderbare Blüte, die aus einer wilden Pflanze aufglüht. Er war ein Glücksfall der Natur.

Eines Tages landete er in dieser Bucht, wo Sie heute morgen angelegt haben müssen. Er war amerikanischer Matrose und von einem Kriegsschiff in Apia desertiert. Ein paar gutmütige Eingeborene ließen sich von ihm bewegen, ihn in einem Kutter, der von Apia nach Safoto fuhr, mitzunehmen und ihn in einem Kanu hier an Land zu setzen. Ich weiß nicht, warum er desertiert ist. Vielleicht paßte ihm das Leben auf einem Kriegsschiff mit seinen Einschränkungen nicht, vielleicht hatte er irgendwelche Schwierigkeiten gehabt, vielleicht aber waren es diese romantischen Inseln und die Südsee, die es ihm angetan hatten. Immer mal wieder packen sie irgendeinen, und ihm wird wie der Fliege im Spinnennetz. Könnte sein, daß er in einem versteckten Winkel seines Wesens zur Sanftheit neigte, und die grünen Hügel mit ihren milden Lüften und dieses blaue Meer nahmen ihm die ganze nordische Kraft wie Delila dem Samson. Jedenfalls wollte er sich verbergen und glaubte, in diesem entlegenen Erdenwinkel bis zur Abreise seines Schiffes sicher zu sein.

Eine Eingeborenenhütte stand an der Bucht, und er überlegte gerade, in welche Richtung er den Fuß setzen solle, als ein junges Mädchen herauskam und ihn zum Eintreten aufforderte. Er kannte kaum zwei Worte ihrer Sprache, und sie konnte ebensowenig Englisch. Aber er begriff rasch genug, was ihr Lächeln bedeutete und ihre hübsche Geste, und folgte ihr ins Haus. Dort setzte er sich auf eine Matte, und sie reichte ihm Ananasscheiben. Ich kann über Red nur vom Hörensagen sprechen, aber sie sah ich als Neunzehnjährige drei Jahre nach seiner Ankunft. Sie können sich nicht vorstellen, wie vollkommen sie war. Sie hatte die entflammte Grazie und die reiche Farbe des Hibiskus. Sie war ziemlich groß, schlank, hatte die zarten Züge ihrer Rasse und Augen so groß wie Teiche ruhenden Wassers unter Palmen. Das schwarze, gewellte Haar fiel ihr offen über den Rücken herab, und sie trug einen Kranz duftender Blumen. Ihre Hände waren erlesen, so schmal, so makellos

geformt, daß sich einem das Herz umdrehte. Und damals lachte sie so leicht. Wenn sie lächelte, zitterten einem die Knie. Ihre Haut war wie ein reifes Kornfeld an einem Sommertag. Gütiger Himmel, wie könnte ich sie beschreiben? Sie war zu schön, man glaubte nicht an ihre Wirklichkeit.

Und diese beiden jungen Wesen, sie sechzehn, er zwanzig, verliebten sich ineinander auf den ersten Blick. Das ist die wahre Liebe, nicht jene, die aus Sympathie kommt, aus einer geistigen Gemeinschaft, sondern diese, die rein und einfach nur Liebe ist. Das ist die Liebe, die Adam für Eva empfunden hat, als er erwachte und sie sah, wie sie im Garten stand und ihn mit taufeuchten Augen anschaute. Das ist die Liebe, die die Tiere zueinanderzieht und die Götter. Das ist die Liebe, die die Welt zum Wunder macht. Das ist die Liebe, die dem Leben Sinn gibt. Sicher haben Sie nie von jenem klugen, zynischen französischen Herzog gehört, der sagte, daß stets bei zwei Liebenden der eine liebt und der andere sich lieben läßt, daß es aber hin und wieder Paare gebe, da beide lieben und beide sich lieben lassen. Doch dann stehe die Sonne still, wie sie stillstand, als Josua den Gott Israels darum bat.

Und wenn ich selbst nach all den Jahren an diese beiden so jungen, so schönen, so einfachen Wesen und an ihre Liebe denke, verspüre ich einen Schmerz. Diese Liebe zerreißt mir das Herz, wie es an manchen Nächten zerrissen wird, wenn ich sehe, wie der Vollmond aus dem wolkenlosen Himmel auf die Lagune scheint. Im Anblick vollkommener Schönheit liegt immer ein Schmerz.

Sie waren Kinder. Sie war gut, sanft und freundlich. Von ihm weiß ich nichts, aber ich denke mir gerne aus, daß er auf jeden Fall frank und frei war. Ich denke mir aus, seine Seele war so vollkommen wie sein Leib. Aber ich glaube wohl, daß er nicht mehr Seele gehabt hat als die Geschöpfe der Büsche und Wälder, die sich aus Schilfgras Pfeifen machten und in den Flüssen badeten, als die Welt noch jung war und man noch kleine Faune auf den Rücken bärtiger Kentauren über Waldlichtungen galoppieren sehen konnte. Die Seele ist ein störender Besitz, und als die Menschen sie entwickelten, verloren sie den Garten Eden.

Nun, als Red auf die Insel kam, war diese gerade von einer Epidemie heimgesucht worden, die der weiße Mann in die Südsee eingeschleppt hatte und an der ein Drittel der Einwohner gestorben war. Das Mädchen hatte alle ihre Nächsten verloren und lebte nun im Hause eines entfernten Verwandten. Der Haushalt bestand aus zwei uralten, gebeugten, verrunzelten Frauen, zwei jüngeren, einem alten Mann und einem Knaben. Ein paar Tage lang blieb Red bei ihnen. Doch vielleicht fand er, er lebe zu nah an der Küste, wo es immer möglich war, Weißen in die Hände zu geraten, die sein Versteck ausfindig machen wollten; vielleicht konnten die Liebenden es nicht ertragen, durch die Nähe der anderen auch nur einen Augenblick des Entzückens aneinander zu versäumen. Jedenfalls zogen sie eines Morgens fort, diese beiden, mit den paar Dingen, die dem Mädchen gehörten, und wanderten über den grasigen Pfad unter den Kokospalmen, bis sie zu dem Fluß gelangten, den Sie gesehen haben. Sie mußten die Brücke überqueren, über die Sie gekommen sind, und das Mädchen lachte fröhlich, weil er Angst hatte. Sie hielt ihn an der Hand, bis sie zum Ende des ersten Stammes kamen, dann verließ ihn der Mut, und er mußte zurückgehen und alles ausziehen, was er anhatte, ehe er es wieder wagte. Sie trug seine Sachen auf dem Kopf hinüber. Dort ließen sie sich in der leeren Hütte nieder, die da stand. Ob sie ein Anrecht darauf hatten (Landbesitz ist eine komplizierte Sache auf den Inseln) oder ob der Eigentümer während der Epidemie gestorben war, das weiß ich nicht, aber jedenfalls hat niemand sie behelligt, und so lebten sie denn dort. Ihre Einrichtung bestand aus ein paar Grasmatten, auf denen sie schliefen, der Scherbe eines Spiegels und einer Trinkschale für beide. In diesem herrlichen Land ist das genug zur Gründung eines Hausstandes.

Man sagt, glückliche Menschen haben keine Geschichte, und glückliche Liebe hat sicherlich keine. Sie taten nichts den ganzen Tag über, und doch schienen ihnen die Tage zu kurz. Das Mädchen hatte einen ortsüblichen Namen, aber Red nannte sie Sally. Er lernte rasch ihre einfache Sprache und lag stundenlang auf der

Matte, während sie fröhlich mit ihm plauderte. Er war ein schweigsamer Bursche, und vielleicht war sein Geist dumpf. Unaufhörlich rauchte er die Zigaretten, die sie ihm aus einheimischem Tabak und Padanusblättern machte, und er schaute ihr zu, während ihre geschickten Finger Grasmatten flochten. Oft kamen Einheimische zu ihnen und erzählten lange Geschichten aus vergangenen Tagen, als die einzelnen Stämme auf den Inseln sich noch bekriegt hatten. Manchmal ging er fischen am Riff und brachte einen Korb voll bunter Fische heim. Manchmal ging er nachts mit der Laterne fort, um Hummer zu fangen. Rings um die Hütte wuchsen Bananen, und Sally bereitete sie für ihre einfachen Mahlzeiten zu. Aus Kokosnuß verstand sie köstliche Speisen zuzubereiten, und der Brotbaum am Rande des Flusses gab ihnen seine Früchte. An Festtagen töteten sie ein kleines Schwein und brieten es auf heißen Steinen. Sie badeten zusammen im Fluß, und am Abend gingen sie hinunter zur Lagune und paddelten im Kanu hinaus. Das Meer war tiefblau, weinfarben bei Sonnenuntergang wie das Meer des homerischen Griechenlands; aber in der Lagune ist die Farbe von unendlicher Vielfalt, aquamarinen, amethysten und smaragden, und die untergehende Sonne verwandelt alles auf kurze Augenblicke in flüssiges Gold. Und dann gab es noch die Farben der Korallen, braun, weiß, rosa, rot, violett; und ihre Formen waren herrlich. In einen Zaubergarten schauten sie, und die fliegenden Fische waren die

Schmetterlinge. Alles wurde auf seltsame Weise unwirk-
lich. Zwischen den Korallen lagen Teiche, deren Boden
aus weißem Sand bestand, und hier, in dem blendend-
klaren Wasser war es wundervoll zu baden. Dann wanderten sie kühl und glücklich Hand in Hand in der Fin-
sternis über den sanften Grasweg zurück zum Fluß, und
jetzt erfüllten die Mynahvögel die Kokospalmen mit
ihrem lauten Gezwitscher. Und dann die Nacht mit diesem großen, golden schimmernden Himmel, der sich
viel höher und weiter zu erstrecken scheint als der Himmel in Europa, und den milden Lüften, die sanft durch
die offene Hütte streichen – diese lange Nacht war wie-
derum viel zu kurz. Sie war sechzehn und er kaum
zwanzig. Die Dämmerung schlich sich ein zwischen die
hölzernen Pfeiler der Hütte und schaute auf diese beiden schönen Kinder, die, eins im Arm des anderen, da-
lagen und schliefen. Die Sonne versteckte sich hinter
den großen, zerfetzten Blättern des Bananenbaumes,
um sie nicht zu stören, und warf endlich mit mutwilliger
Arglist, wie das ausgestreckte Samtpfötchen der Angora-
katze, einen goldenen Strahl auf ihre Gesichter. Sie
öffneten schläfrig die Augen und lächelten dem neuen
Tag entgegen. Aus Wochen wurden Monate, und ein
Jahr ging dahin. Sie liebten einander so – ich möchte
nicht sagen, leidenschaftlich, denn Leidenschaft schließt
immer einen Schatten von Trauer ein, einen Anhauch
von Bitterkeit und Furcht, aber so herzlich, so einfach
und natürlich wie am ersten Tag, als sie einander begeg-

net waren und erkannt hatten, daß der Gott in ihnen
war.

Hätte man sie danach gefragt, ich bin sicher, der Gedanke, ihre Liebe könne jemals enden, wäre ihnen völlig unmöglich erschienen. Wissen wir nicht, daß das we-
sentliche Element der Liebe der Glaube an die ihr eigene Ewigkeit ist? Und doch keimte vielleicht in Red,
was er nicht wußte und das Mädchen nicht vermutete,
bereits der winzige Same, der sich mit der Zeit zum
Überdruß ausgewachsen hätte. Denn als ihnen eines Tages einer der Eingeborenen von der Bucht erzählte, daß
weiter drunten an der Küste ein britisches Walfischboot
vor Anker liege, sagte er:

‚Ei, da will ich doch mal sehen, ob ich mir nicht für
ein paar Nüsse und Bananen ein oder zwei Pfund Tabak
einhandeln kann.‘

Die Pandanuszigaretten, die Sally ihm mit unermüd-
licher Hand machte, waren stark und angenehm zu rau-
chen, aber sie ließen ihn unbefriedigt, und er sehnte
sich plötzlich nach richtigem, festem, giftigem, beißen-
dem Tabak. Seit vielen Monaten hatte er keine Pfeife ge-
raucht. Der Mund wässerte ihm, wenn er nur daran
dachte. Man hätte denken sollen, daß Sally vielleicht in
einer bösen Vorahnung ihn von seinem Vorhaben abzu-
bringen versucht habe, aber die Liebe hatte sie so völlig
mit Beschlag belegt, daß der Gedanke sie nicht einmal
streifte, irgendeine Macht der Welt könne ihr den Ge-
liebten nehmen. Zusammen erstiegen sie die Hügel und

pflückten einen großen Korb voll grüner, aber süßer, saftiger Orangen; dann nahmen sie von den Bananen, die rings um die Hütte wuchsen, Kokosnüsse von ihren eigenen Bäumen und Brotfrüchte und Mangos. Dies alles trugen sie hinunter zur Bucht, beluden das schwankende Kanu damit, und Red und der junge Eingeborene, der ihnen die Nachricht von dem Schiff gebracht hatte, paddelten hinaus zum Riff.

Das war das letzte, das sie je von ihm sah.

Am nächsten Tag kehrte der junge Eingeborene allein und in Tränen aufgelöst zurück. Und das ist die Geschichte, die er erzählte: Als sie nach langem Paddeln das Schiff erreicht hatten, rief Red hinauf, und ein weißer Mann schaute herunter und forderte sie auf, an Bord zu kommen. Sie nahmen die Früchte, die sie mitgebracht hatten, und Red trug sie auf Deck. Der weiße Mann und er sprachen miteinander und schienen zu einem Abschluß zu kommen. Tabak wurde heraufgebracht, und Red griff sofort danach und stopfte sich seine Pfeife. Der junge Eingeborene imitierte den Ausdruck von Genuß, mit dem Red die erste Rauchwolke aus dem Mund entließ. Dann sagten die Weißen etwas zu ihm, und er ging mit ihnen in die Kabine. Durch die offene Tür, durch welche der Junge neugierig spähte, sah er, daß eine Flasche gebracht wurde und Gläser. Red trank und rauchte. Sie fragten ihn etwas, denn er schüttelte den Kopf und lachte. Der Mann, der erste, mit dem sie gesprochen hatten, lachte auch und füllte Reds Glas

MATAMOE

immer wieder. Sie fuhren fort mit Reden und Trinken, und der Junge, ermüdet von einem Anblick, der ihm nichts sagte, rollte sich auf Deck zusammen und schlief ein. Durch einen Fußtritt fühlte er sich plötzlich geweckt, sprang auf und sah, daß das Schiff langsam aus der Lagune segelte. Er gewahrte Red, der, am Tisch sitzend, den Kopf schwer auf die Arme gelegt, fest schlief. Er wollte auf ihn zugehen und ihn wecken, aber eine rohe Hand packte ihn am Arm, und ein Mann mit finsterem Gesicht wies ihn mit Worten, die er nicht verstand, hinaus. Dann rief er Reds Namen, wurde aber im gleichen Augenblick ergriffen und über Bord geworfen. Hilflos schwamm er zu dem Kanu, das ein wenig abgetrieben war, und stieß es zum Riff. Dort kletterte er hinein und paddelte, den ganzen Weg über schluchzend, zurück.

Was geschehen war, schien klar genug. Der Walfischer hatte, vielleicht durch Desertion oder Krankheit, zuwenig Leute, und der Kapitän hatte Red, als er an Bord gekommen war, aufgefordert, sich einzuschreiben. Auf seine Weigerung hin war er betrunken gemacht und geraubt worden.

Sally war außer sich vor Kummer. Drei Tage lang schrie und weinte sie. Die Eingeborenen taten, was sie konnten, um sie zu trösten. Sie wollte nicht essen und sank schließlich erschöpft in finstere Apathie. Ganze Tage verbrachte sie an der Bucht, ließ kein Auge von der Lagune in der trügerischen Hoffnung, Red werde es auf irgendeine Weise schaffen, zu entwischen. Stunden um Stunden saß sie an dem weißen Strand, die Tränen liefen ihr stromweise über die Wangen, und nachts schleppte sie sich müde zurück über den Fluß zu der kleinen Hütte, in der sie so glücklich gewesen war. Die Leute, bei denen sie vor Reds Ankunft gewohnt hatte, baten sie, zu ihnen zurückzukommen, aber sie tat es nicht. Sie war von Reds Rückkehr überzeugt und wollte, daß er sie da finde, wo er sie verlassen hatte.

Vier Monate später kam sie mit einem totgeborenen Kind nieder, und die Frau, die ihr durch die schweren Stunden half, blieb bei ihr in der Hütte. Alle Freude war aus ihrem Leben gewichen. Wurde ihre Qual mit der Zeit auch weniger unerträglich, so trat an ihre Stelle eine düstere Melancholie. Man sollte nicht glauben, daß es unter diesen Menschen, deren Regungen zwar heftig, aber vorübergehend sind, eine Frau gab, die einen lebenslangen Leidensweg ging. Niemals schwand ihre heilige Überzeugung, Red werde früher oder später zu ihr zurückkehren. Sie schaute nach ihm aus, und jedesmal, wenn jemand über die schwankende Brücke aus Kokosbaumstämmen kam, blickte sie erregt auf. Er hätte es sein können."

Neilson hielt inne und stieß einen schwachen Seufzer aus.

„Und was wurde aus ihr schließlich?" fragte der Kapitän.

Neilson lächelte bitter.

„Drei Jahre später ließ sie sich mit einem anderen Weißen ein."

Der Kapitän gab ein fettes, zynisches Kichern von sich. „So enden sie gewöhnlich", sagte er.

Der Schwede warf ihm einen haßerfüllten Blick zu. Er wußte nicht, warum dieser grobe, fettleibige Mann ihn auf so heftige Weise abstieß. Aber seine Gedanken wanderten, und sein Gemüt war erfüllt mit den Bildern der Vergangenheit, die fünfundzwanzig Jahre zurücklagen. Er war, der Stadt Apia, ihren Trinkereien, Spielhöhlen und ihrer groben Sinnlichkeit überdrüssig, zum ersten Male auf die Insel gekommen, ein kranker Mensch, der versuchte, sich mit dem Verlust einer Karriere abzufinden, die bisher seine Zukunftsgedanken beschwingt und befeuert hatte. Er mußte von aller Hoffnung lassen, sich einen Namen zu machen, und mit den paar armseligen Wochen vorsichtigen Lebens vorliebnehmen, mit denen er noch rechnen durfte. Er wohnte bei einem Händler, einem Mischling, der ein paar Meilen weiter der Küste entlang am Rande eines Eingeborenendorfes einen Laden hatte. Eines Tages war er beim ziellosen Wandern über die grasigen Pfade unter den Kokospalmen zu der Hütte gekommen, in der Sally lebte. Schon die Schönheit dieses Winkels hatte ihn mit solch einem Entzücken erfüllt, daß es fast weh tat, und dann sah er Sally. Sie war das herrlichste Geschöpf, das er je erblickt hatte, und die Trauer in ihren dunklen, prachtvollen Augen zog ihn geheimnisvoll an. Die Kanaken sind von edler Rasse, und Schönheit ist nichts Seltenes bei ihnen, aber es ist die Schönheit des tierhaften Ebenmaßes. Sie ist leer. Doch diese tragischen Augen waren dunkel von Mysterium; und er spürte in ihnen die bittere Verwirrung der tastenden Menschenseele. Der Händler erzählte ihm Sallys Geschichte, und er fühlte sich tief bewegt.

„Glauben Sie, daß er jemals zurückkommen wird?" fragte Neilson.

„Keine Angst. Es wird wohl ein paar Jahre dauern, ehe so ein Schiff seine Leute auszahlt, und bis dahin hat er sie sicher längst vergessen. Ich könnte schwören, daß er nicht übel wütend war, als er aufwachte und sah, daß man ihn geraubt hatte, und es würde mich nicht wundern, wenn er sich mit allen geprügelt hätte. Aber schließlich mußte er sich darein finden, und ich denke, einen Monat später war er überzeugt, es hätte ihm nichts Besseres passieren können, als von der Insel wegzukommen."

Aber Neilson ging diese Geschichte ständig durch den Kopf. Vielleicht konnte er die Vorstellung von Reds strahlender Gesundheit nicht mehr loswerden, weil er selbst krank und schwach war. Häßlich als Mann, unbedeutend in der Erscheinung, sagte ihm Vollkommenheit bei anderen unendlich viel. Noch nie hatte er leidenschaftlich geliebt und war ganz gewiß nie leidenschaftlich geliebt worden. Die gegenseitige Hingegebenheit dieses jungen Paares erfüllte ihn mit einem einzigarti-

gen Entzücken. Sie hatte etwas von der unaussprechli-
chen Schönheit des Absoluten. Wieder ging er zu der
kleinen Hütte am Fluß. Er verfügte über eine linguisti-
sche Begabung und einen tatkräftigen, durch ständige
Arbeit wachen Geist und hatte sich auch schon eine
Zeitlang mit dem Studium der hiesigen Sprache befaßt.
Alter Gewohnheit treu, sammelte er Material für eine
Abhandlung über die samoanische Sprache. Die alte
Frau, die bei Sally in der Hütte lebte, lud ihn zum Nie-
dersitzen ein und reichte ihm Kava und Zigaretten. Sie
freute sich, jemanden dazuhaben, mit dem sie sprechen
konnte, und während sie plauderte, schaute er Sally an.
Sie erinnerte ihn an die Psyche im Museum zu Neapel.
Ihre Züge zeigten die gleiche klare Reinheit der Linie.
Obgleich sie ein Kind geboren hatte, war sie noch im-
mer von jungfräulichem Aussehen.

Erst nach seinem zweiten oder dritten Besuch konnte
er sie zum Sprechen bringen. Und auch dann fragte sie
ihn nur, ob er in Apia einen Mann namens Red gesehen
habe. Zwei Jahre waren seit dessen Verschwinden da-
hingegangen, aber es war klar, daß sie immer noch pausenlos an ihn dachte.

Neilson brauchte nicht lange, bis er erkannte, daß er
sie liebte. Nur durch große Willensanstrengung hielt er
sich davon zurück, täglich zum Fluß zu gehen, befand er
sich aber nicht bei Sally, so waren doch seine Gedanken
dort. Da er in sich selbst einen Sterbenden sah, verlangte es ihn nur danach, sie anschauen zu dürfen und

gelegentlich sprechen zu hören, und seine Liebe versetzte ihn in den Zustand wundersamer Glückseligkeit. Er entzückte sich an ihrer Reinheit. Er verlangte nichts von Sally als die Möglichkeit, um die Anmut ihrer Person das Netz herrlicher Träume spinnen zu dürfen. Aber die köstliche Luft, die gleichmäßige Temperatur, die Ruhe, die einfache Kost übten eine gänzlich unerwartete Wirkung auf seine Gesundheit aus. Sein Fieber erreichte abends nicht mehr die übliche beunruhigende Höhe, er hustete weniger, und sein Gewicht begann zu steigen. Sechs Monate gingen vorüber, ohne daß er einen Blutsturz gehabt hätte, und plötzlich sah er die Möglichkeit vor sich, am Leben zu bleiben. Er studierte seine Krankheit eingehend, und die Hoffnung dämmerte in ihm auf, daß er mit großer Sorgfalt ihren Ablauf hemmen könne. Es beschwingte ihn, sich wieder einmal an Künftigem freuen zu können. Er machte Pläne.

Zwar war es ihm deutlich, daß ein tätiges Leben nicht in Frage kam, doch genügte das schmale Einkommen, das er hatte und das überall sonst nicht ausgereicht hätte, zu seinem Unterhalt, wenn er hier auf der Insel bliebe. Er konnte Kokospalmen züchten, das gab ihm Beschäftigung. Und er wollte seine Bücher und sein Klavier herkommen lassen. Doch sein wacher Geist erkannte rasch, daß er mit alledem nur vor sich selbst das Verlangen zu umkleiden suchte, das ihn quälte.

Ihn verlangte nach Sally. Er liebte nicht nur ihre Schönheit, sondern auch jene betrübte Seele, die er hin-

ter ihren traurigen Augen vermutete. Er wollte sie mit seiner Leidenschaft berauschen und sie schließlich zu vergessen lehren. Und in einer Ekstase der Selbstaufgabe glaubte er, auch ihr die Glückseligkeit vermitteln zu können, die er nicht mehr zu erleben geglaubt und doch jetzt auf so wundersame Weise erlangt hatte.

Er bat sie, mit ihm zu leben. Sie wies ihn ab. Er hatte nichts anderes erwartet und ließ sich davon nicht niederdrücken, denn er war sicher, daß sie früher oder später nachgeben werde. Seine Liebe war jedem Widerstand gewachsen. Er weihte die Alte in seine Wünsche ein und erfuhr zu seiner Überraschung, daß sie und die Nachbarn längst davon wußten und Sally zu überreden suchten, auf sein Anerbieten einzugehen. Schließlich könne jede Eingeborene sich glücklich schätzen, dem Haus eines Weißen vorstehen zu dürfen, und Neilson war, gemessen an dem Lebensstandard auf der Insel, ein reicher Mann. Der Händler, bei dem er wohnte, suchte Sally auf und redete ihr zu, doch nicht so dumm zu sein, solch eine Gelegenheit komme nicht wieder, und nach so langer Zeit könne sie doch nicht mehr an Reds Rückkehr glauben. Der Widerstand des Mädchens steigerte nur noch Neilsons Verlangen, und was vorher eine völlig reine Liebe gewesen war, wurde nun zur quälenden Leidenschaft. Er war entschlossen, jedes Hindernis zu überwinden. Täglich bedrängte er Sally, die schließlich, zermürbt von seiner Beharrlichkeit und den bald beschwörenden, bald zürnenden Vorstellungen ihrer Umgebung, einwilligte. Aber als er sie am nächsten Tag triumphierend besuchte, mußte er entdecken, daß sie über Nacht die Hütte niedergebrannt hatte, in der sie mit Red so glücklich gewesen war. Die Alte lief ihm mit wütenden Schimpfreden gegen Sally entgegen. Er winkte ab; dies war nicht wichtig. Sie konnten sich einen Bungalow an der Stelle erbauen, wo die Hütte gestanden hatte. Ein europäisches Haus war ja auch das Gegebene, wenn er wirklich sein Klavier und seine riesige Bibliothek kommen lassen wollte.

Und so entstand das kleine Holzhaus, in dem er nun seit so vielen Jahren lebte, und Sally wurde seine Frau. Doch nach den ersten Wochen des Entzückens, in denen er sich mit dem begnügte, was sie ihm schenkte, erfuhr er wenig Glück. Aus Müdigkeit hatte sie sich ihm hingegeben, aber sie reichte ihm nur das, worauf sie keinen Wert mehr legte. Die Seele, die er undeutlich wahrgenommen hatte, entglitt ihm. Sie war ihm nicht zugetan. Sie liebte Red und erwartete täglich und stündlich seine Rückkehr. Auf ein Zeichen von ihm, das wußte Neilson, hätte sie ihn trotz aller Liebe, Zärtlichkeit, Sympathie und Großmut verlassen, ohne auch nur einen Augenblick lang zu zögern. Seine Trauer wäre ihr gleichgültig gewesen. Herzensangst erfaßte ihn, und er bedrängte ihr unnahbares Wesen, das ihm so finster widerstand. Seine Liebe wurde bitter. Er versuchte, ihr Herz mit Güte zu ertauen, aber es blieb hart. Er spielte den Gleichgültigen, aber sie bemerkte es nicht einmal.

Manchmal verließ ihn die Geduld, und er beschimpfte sie, dann weinte sie schweigend. Manchmal glaubte er, sie sei nichts als ein Blendwerk, und die Seele, die er suchte, existiere nur in seiner eigenen Vorstellung, er könne nicht in das Heiligtum ihres Herzens gelangen, weil dort kein Heiligtum sei. Seine Liebe wurde ihm zum Gefängnis, aus dem er zu entweichen suchte, aber er hatte nicht die Kraft, auch nur die Tür aufzutun – mehr wäre nicht nötig gewesen – und hinauszugehen ins Freie. Sein Leben wurde zum Martyrium, das ihn starr und hoffnungslos machte. Doch schließlich brannte das Feuer aus, und wenn er jetzt sah, wie ihre Augen zu der schmalen Brücke wanderten, war es weder Zorn, was sein Herz erfüllte, noch Ungeduld. Seit vielen Jahren lebten sie nun miteinander, durch nichts verbunden als durch das Band der Gewohnheit und Bequemlichkeit, und mit einem Lächeln dachte er an seine eigene einstige Leidenschaft. Sie war nun eine alte Frau, denn die Frauen auf den Inseln altern rasch, und wenn er auch keine Liebe mehr für sie fühlte, so war sie ihm doch angenehm. Sie ließ ihn in Frieden. Und er begnügte sich mit seinem Klavier und seinen Büchern.

Seine Gedanken bedrängten ihn so, daß er sie aussprechen mußte.

„Wenn ich jetzt zurückschaue und an diese kurze, leidenschaftliche Liebe von Red und Sally denke, glaube ich, daß sie vielleicht dem unbarmherzigen Schicksal danken sollten, das sie trennte, als ihre Liebe noch auf dem Höhepunkt war. Sie haben gelitten, aber in Schönheit gelitten. Die wahre Tragödie der Liebe blieb ihnen erspart."

„Ich weiß nicht so recht, ob ich Sie verstehe", sagte der Kapitän.

„Die Tragik der Liebe ist nicht der Tod oder Trennung. Wie lange, glauben Sie, hätte es wohl gedauert, ehe sie es satt gewesen wären, einander zu lieben? Oh, es ist entsetzlich bitter, auf eine Frau zu blicken, die man von ganzem Herzen und mit ganzer Seele geliebt hat, und festzustellen, daß einem nicht das geringste daran läge, sie nie wiederzusehen. Die Tragödie der Liebe ist Gleichgültigkeit."

Doch während er sprach, ereignete sich etwas höchst Seltsames. Er hatte sich mit seiner Erzählung nicht unmittelbar an den Kapitän gewandt, er hatte nur für sich selbst den eigenen Gedanken zum Worte verholfen, und obwohl seine Augen auf den Mann vor ihm geheftet waren, hatte er ihn nicht eigentlich gesehen. Nun aber schob sich ein Bild vor seinen Blick, ein Bild nicht des Mannes, der vor ihm saß, sondern eines anderen. Es war, als schaue er in einen jener Zerrspiegel, die fürchterlich in die Breite oder übertrieben in die Länge ziehen; doch hier geschah das Gegenteil, und vor seinen Augen wurde dieser verfettete, häßliche alte Mann auf den Husch eines Augenblicks zu einem prachtvollen Jüngling. Noch einmal schaute er hin, eindringlich, forschend. Warum hatte ein zufälliges Herumstreifen ihn gerade an diese Stelle geführt? Ein plötzliches Erzittern seines Herzens benahm ihm fast den Atem, ein absurder Verdacht ergriff Besitz von ihm. Was hier geschah, war unmöglich und war doch Tatsache.

„Wie heißen Sie?" fragte er jäh.

Im Gesicht des Kapitäns zuckte es, und er gab ein arglistiges Kichern von sich. Er sah jetzt boshaft aus und furchtbar gewöhnlich.

„Es ist so verdammt lange her, seit ich meinen Namen zum letztenmal gehört habe, daß er mir fast entfallen ist. Aber seit dreißig Jahren nennt man mich auf den Inseln überall Red."

Sein riesiger Körper schüttelte sich, als er ein leises, fast lautloses Lachen vernehmen ließ. Neilson schauderte. Red war aufs höchste belustigt, und aus den blutunterlaufenen Augen rannten ihm Tränen.

Neilson schnappte nach Luft. Im gleichen Augenblick trat eine Frau ein. Sie war eine Eingeborene, eine Frau von achtunggebietender Erscheinung, kräftig, ohne korpulent zu sein, dunkel, denn die Eingeborenen werden dunkler mit dem Alter, und stark ergraut. Sie trug ein schwarzes Tuch um den Leib geschlungen, und durch den dünnen Stoff zeichneten sich ihre schweren Brüste ab. Der Augenblick war gekommen.

Sie machte eine Bemerkung über eine Haushaltangelegenheit zu Neilson, und er antwortete. Er fragte sich, ob seine Stimme ihr ebenso unnatürlich vorkomme, wie sie in seinen Ohren klang. Sie streifte den Mann, der in

dem Stuhl beim Fenster saß, mit einem gleichgültigen
Blick und verließ das Zimmer. Der Augenblick war gekommen und gegangen.

Neilson konnte einige Sekunden lang nicht sprechen.
Er fühlte sich seltsam erschüttert. Dann sagte er:

„Ich würde mich sehr freuen, wenn Sie hierbleiben
und mit mir zu Abend essen wollten, was es gerade
gibt."

„Ich glaube nicht", erwiderte Red. „Ich will mich
nach diesem Gray umschauen, ihm seine Sachen geben
und dann abfahren. Ich muß schon morgen wieder in
Apia sein."

„Ich werde Ihnen einen Jungen mitgeben, der Ihnen
den Weg zeigen kann."

„Das wäre sehr nett von Ihnen."

Red erhob sich schwerfällig aus dem Stuhl, während
der Schwede einem der Knaben rief, die in der Plantage
arbeiteten. Er sagte ihm, wohin der Kapitän wollte, und
der Junge machte sich zur Brücke auf den Weg. Red
schickte sich an, ihm zu folgen.

„Fallen Sie nicht hinein", sagte Neilson.

„Nie im Leben!"

Neilson schaute ihm beim Überqueren zu, und als er
hinter den Kokospalmen verschwunden war, blickte er
immer noch hinaus. Dann sank er schwer in einen
Stuhl. War das der Mann, der ihn daran gehindert hatte,
glücklich zu sein? War das der Mann, den Sally diese
ganzen Jahre hindurch geliebt und auf den sie so ver-

zweifelt gewartet hatte? Es war grotesk. Eine plötzliche Wut packte ihn, so daß er am liebsten aufgesprungen wäre und alles zerschlagen hätte. Er fühlte sich betrogen. Nun hatten sie sich schließlich gesehen und es nicht gemerkt. Freudlos begann er zu lachen, und dieses Lachen wurde immer stärker, bis es völlig hysterisch klang. Die Götter hatten ihm einen grausamen Streich gespielt. Und jetzt war er alt.

Nach einer Weile kam Sally herein, um ihm zu sagen, daß das Essen bereit sei. Er setzte sich ihr gegenüber zu Tisch und versuchte, etwas zu sich zu nehmen. Er fragte sich, was sie wohl sagen würde, wenn er ihr jetzt erzählte, daß dieser fette, alte Mann, der eben noch in diesem Stuhl gesessen hatte, ihr Liebster gewesen war, an den sie immer noch mit der leidenschaftlichen Hingabe ihrer Jugend dachte. Vor Jahren, als er sie haßte, weil sie ihn so unglücklich machte, hätte er sich gefreut, ihr das sagen zu können. Damals wollte er sie ebenso verletzen, wie sie ihn verletzte, da sein Haß nichts anderes war als Liebe. Aber das war längst vorüber. Gleichgültig zuckte er die Schultern.

„Was hat der Mann gewollt?" fragte sie soeben.

Er antwortete nicht sofort. Auch sie war alt, eine dicke, alte Eingeborene. Er fragte sich, warum er sie so wahnsinnig geliebt hatte. Sämtliche Schätze seiner Seele hatte er ihr zu Füßen gelegt, und ihr war nichts an ihnen gelegen. Verschwendung, welch eine Verschwendung! Und als er sie jetzt anschaute, spürte er nur die

Schmach. Seine Geduld war erschöpft. Er beantwortete ihre Frage.

„Er ist Kapitän auf einem Schoner und kam von Apia."

„Ja."

„Er hat mir Nachrichten von zu Hause gebracht. Mein ältester Bruder ist schwer krank, und ich muß zurück."

„Wirst du lange wegbleiben?"

Er zuckte die Schultern.

AUSKLANG

enn ein Schiff Honolulu verläßt, hängt man den Abfahrenden Leis um den Hals, diese herrlichen Gewinde aus süß duftenden Blumen. Der Pier ist von Menschen übersät, und die Kapelle spielt ein schmelzendes hawaiisches Lied … Die Reisenden an Bord werfen den unten Wartenden bunte Papierschlangen zu. Diese Seite des Schiffes sieht fröhlich aus mit ihren schmalen, farbigen Streifen, den roten und grünen, gelben und blauen. Wenn das Schiff sich langsam weghebt, zerreißen die Streifen, einer nach dem anderen, und es ist, als brächen menschliche Bande. Einen Augenblick lang sind Männer und Frauen miteinander verbunden durch ein buntes Stückchen Papier, ein rotes, grünes, gelbes oder blaues, dann trennt sie das Leben; das Fädchen reißt, ganz leicht und mit einem kleinen, scharfen Zischlaut. Eine Stunde lang treiben die bunten Überreste auf dem Wasser dahin, später werden sie weggeschwemmt. Die Blüten der Nackengirlanden welken, ihr Duft bekommt etwas Bedrückendes. Da wirft man sie über Bord.

QUELLENNACHWEIS

Wir danken der Arche Verlag AG, Zürich – Hamburg, für die freundliche Abdruckgenehmigung dieser Lizenzausgabe aus dem Titel *Betörende Südsee* von Somerset Maugham, © 1953 by Verlags AG Die Arche, Zürich.

Bildnachweis:

(Titel) Nafea Faa ipoipo (Wann heiratest du?), 1892, Kimbell Art Museum, Fort Worth, Texas.

(8) Arearea (Freude I), 1892, Musée d'Orsay, Paris.

(15) Straße auf Tahiti, 1891, The Toledo Museum of Art, USA.

(22) Parau na te Varua ino (Worte des bösen Geistes), 1892, National Gallery of Art, Washington.

(30) Nave nave moe (Süße Träume), 1894, Eremitage, St. Petersburg.

(37) Te avae no Maria (Marienmonat Mai), 1899, Eremitage, St. Petersburg.

(45) Matuma (In alten Zeiten), 1892, Sammlung Carmen Thyssen-Bornemisza.

(52) Aha oe feii? (Wie! Du bist eifersüchtig?), 1892, Puschkin-Museum, Moskau.

(59) Nafea Faa ipoipo (Wann heiratest du?), 1892, Kimbell Art Museum, Fort Worth, Texas.

(66) Contes barbares, 1902, Museum Folkwang, Essen.

(73) Ea haere ia oe (Wohin gehst du?), 1893, Eremitage, St. Petersburg.

(80) Vairaumati tei oa (Ihr Name ist Vairaumati), 1892, Puschkin-Museum, Moskau.

(88) Frauen am Meeresufer (Mutterschaft I), 1899, Eremitage, St. Petersburg.

(95) Zwei Tahitianerinnen, 1899, The Metropolitan Museum of Art, New York.

(103) Matamoe, Landschaft mit Pfauen, 1892, Puschkin-Museum, Moskau.

(110) Mädchen mit Fächer, 1902, Museum Folkwang, Essen.

(118) Mahana no Atua (Der Tag Gottes), 1894, The Art Institute of Chicago.